西本昌弘 編

新撰年中行事

八木書店

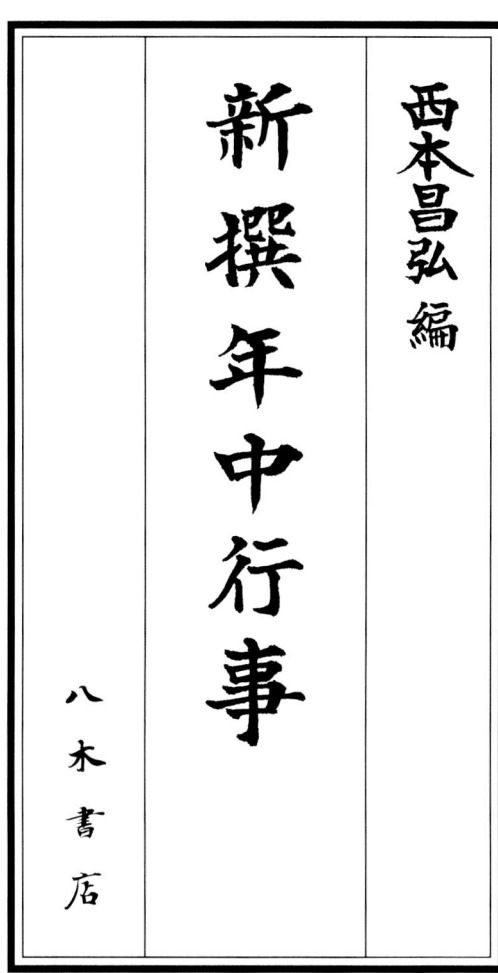

凡例

一、本書は、正二位権大納言藤原行成（天禄三年〈九七二〉生、万寿四年〈一〇二七〉薨）が編纂した年中行事書を集成したものである。

一、本書巻頭の二冊本年中行事は、新撰年中行事のほか、行成卿抄・行成抄・拾遺年中行事・行成大納言抄なども称されたが、そのうち本朝書籍目録に記載されている新撰年中行事の称を用いた。

一、本書には、新撰年中行事のほか、その別冊と考えられる行成大納言年中行事、および除目作法を記述した叙除拾要をも収録した。叙除拾要は行成卿除目小葉子の伝本かその抄本とみられるものである。

一、本冊に用いた底本は、左の通りである。

新撰年中行事　京都御所東山御文庫本　年中行事　二冊（勅封一四四―八）　江戸初期写

行成大納言年中行事　京都御所東山御文庫本　年中行事　一冊（勅封一四四―一三）　江戸初期写

叙除拾要　国立歴史民俗博物館所蔵広橋家本　叙除拾要　一巻（H―六三―四三五）　保元二年写

一、新撰年中行事の本文は、延喜式・撰集秘記以下の諸史料と対校した。説明を要する箇所には本文中に番号で示し、本文末に校異の説明を付した。

一、校異の説明文に用いた史料および諸本の略称などは以下の通りである。

年中抄（年中行事抄）、年中秘抄（年中行事秘抄）、小野年中（小野宮年中行事）、九条年中（九条年中行事）、書紀（日本書紀）、続紀（続日本紀）、紀略（日本紀略）、類史（類聚国史）、続後紀（続日本後紀）、文徳実録（日本文徳天皇実録）、三代実録（日本三代実録）

延喜式　九本（九条家本）、閣本（内閣文庫本）、京本（雲州家校本所引京本）

　貞本（雲州家校本所引貞享本）、享保版本（享保八年版本）

　塙本（和学講談所本）、梵本（梵舜本）

令義解　猪本（猪熊本）、寮本（図書寮本）

類聚三代格　前本（前田家本）

政事要略　寮本（図書寮本）、陵本（諸陵寮本）、集本（改定史籍集覧本）

一、巻末に解題と索引（延喜式・弘仁式・貞観式・その他の典籍・年代）を付した。

一、本書校訂上の体例基準は、凡そ左の通りである。

1　翻刻に当っては、つとめて底本の体裁・用字を尊重したが、便宜これを改めた箇所もある。

2　文中に読点（、）及び並列点（・）を便宜加えた。

3　底本に欠損文字の存する場合は、その字数を測って□・［　］などで示し、他史料をもって補訂可能なものは、その文字を傍註で示した。

4　抹消文字には抹消符（〻）を付した。

5　挿入符の付された文字・文章は、挿入符（○）を示して同様の箇所に翻刻した。

6　校訂註は、原本の文字に置き換えるべきものは〔　〕、参考又は説明のためのものは（　）をもって括った。

7　底本の紙替りは、各丁表裏（各紙）の終わりに」を付して示し、各丁表裏（各紙）の最初の行頭に（1オ）などと表示した。

8　月の替り目には、行間を空けた。

9　朱書の文字は『』で括り、朱合点は＼で示した。

10　人名の傍註は各条に付することを原則とした。

11　底本に使用されている古体・異体・略体の文字は、原則としてそのまま翻刻したが、正体もしくは現在通用の字体に改めた場合もある。

一、本書の公刊に当って、宮内庁侍従職・宮内庁書陵部・国立歴史民俗博物館は種々の便宜を与えられた。特記して謝意を表する。

一、本書の校訂と編集は、西本昌弘が担当した。

平成二十二年七月

目次

目次 二

新撰年中行事　上

「（表紙）
一四四
八、一、

年中行事　上
」

或云、弁官申政時尅、自三月至七月、辰三剋、自九月至正月、巳二剋、二・八兩月、巳一剋、

（1オ）

年中行事

毎月事、1 毎月、内侍所□□□〔奏去月カ〕參議以上ニ〔ミ〕日一枚、小〔少〕納言・外記一枚、弁・史一枚、左近陣□〔進カ〕出居侍従・内記上日、已上内侍所、〔奏脱カ〕殿上・蔵人所及所ミ・諸陣月奏、已上蔵人奏、

一日、圖書允諸司月料紙筆墨事、年料・季料亦准例充之、2〔新脱〕年出〔墨〕、正月惣充之、

大舎人慎火書進太政官事、寮式云、凡舎人二人為上下當3〔番〕、毎月廻宮城内諸司・諸所、鎮火書進太政官、

朔日・十六日、召使夾名事、式部式云、凡太政官召使者、毎月朔日十六日、當番人正身参着〔省〕、即録夾名進太政官云々、

弾正巡寮〔察〕京中事、臺延式云、凡京中弼以下、毎月巡寮〔察〕、勘弾非違、東西市并諸寺非違、及客舘路橋破壊之類、

貞格、隔月云々、而同式云、今案、雖格有隔月之制、然依彼符毎月巡察」

（1ウ）

云々、

毎月六斎、殺生禁断事、貞、

謂六斎白黒月、白薬黒得八月十四・五日番阿五釋之、

典薬寮申乳牛秣断〔料〕事、寮式云、乳牛七頭秣料、米・大豆各日一斗四升、頭別二升、毎月申省請受、

毎日、糺寮〔察〕宮城内外非違汚穢事、臺式云、凡宮城内外非違及汚穢者、毎日忠已下糺寮〔察〕、但禁中者不須、

毎月三度、弾正巡察諸司事、又云、凡弾正者、毎月三度巡察諸司、糺正非違、若有廢闕者、仍具事状移式部、考日勘問、

毎月、掃除京路事、京式云、凡京路、皆令當家掃除云々、

毎月十五日以前、集東市事、市式云々、十六日以後、西市、」

（２オ）

毎月一日・十六日、番奏事、近衛式云、九毎月一日・十六日、具錄當番近衛歷名、次官已上奏進、□□□□其官□〔宿衛〕者、4〔若無者、判官亦奏、〕日別錄見宿數、次官以上一人署名申送、闈司惣行奏取欽之、餘府准之、

春、玉燭寶典云、春之言蠢、産万物者聖、鄭玄曰、蠢動、聖之言生也、春秋説題云、春者出也、5〔春脱〕者物之出也、纂要云、春曰青陽、氣青而温陽、

内教坊神祭事、秋同、　女孺厨神祭、秋同、　大炊寮竈神祭、二月、又十一月、

女官季斲紙事、　東寺修法事、

月日祭、内膳司式云ゝ、右雜物申□6〔請〕内侍、其供神物者、取供奉月斲雜物未□7〔御〕者、斲理盛倫高案、送縫殿寮、秋祭准此、

園神祭、春秋並同、内膳式云、京北園二座、長岡園三ㅣ、奈良園三ㅣ、山科園一座、羽東志園三ㅣ、〔座〕奈癸園一ゝ、8〔座〕〔所脱〕政一ゝ、

酒司神祭九座、春秋並同、二座、酒弥豆男神、酒弥豆女神、並従五位上、四座、竈神、三座、従五位上大邑刀自、従五位下竈刀自、9〔小邑〕次邑刀同、〔自〕

（２ウ）

御井神祭、一座、春秋云ゝ、主水司、　鳴雷神祭、一産〔座〕、春秋並同、

霊安寺悔過、弘格、春秋云ゝ、　東寺修法事、美和十三年符、依小僧都實恵表、停春節灌頂、永修法云ゝ、

正月、自去月廿三日、迄今月十四日、三七日、延暦寺御修法事、民部式部、正月・二月・十一月・十二月旬日、百官庶政在曹司行事、太政官式、

燭寶典、正月為端月、
金谷園記云、正月者立春之氣節也、本為政月、

秦始皇以此月生、因而名政、遂改為正月、

崔寔云、屠蘇藥酒名、正朝以桃皮及諸藥、於酒中屠蘇和而飲之、一人飲一家無病、一家飲一里無病、荊楚歲時記云、桃者五行之精、厭伏邪、制百鬼、令人又進屠蘇酒・膠牙餳、

正朝、拜天地四方事、内裏式云、拜天地四方屬星及二陵式云々、書司式云、拜天地四方粁褥云々、

同日平旦、所司供屠蘇・白散事、二・三日六同之、請取〔亦〕ホ事、注別、

依朝賀、行幸八省、式〔或〕小安殿供之、中宮式云、昧且供之、訖御大極殿云々、東宮式云々、寮官率侍醫供之、至于三日給祿云々、

同日、小朝拜事、若有朝[10]〔賀脱カ〕之時、還宮之後、亦有此事、若朝賀止時、宴會出御之前、有此事、

（3オ）

藏人式云、若無朝賀、有小朝拜、或雖有朝賀、猶有小朝拜云々、又云元會、見中務式、

同日、朝賀事、若前三日雨雪、[11]□□〔停之カ〕、又日蝕、件ホ儀式、次日行之、此日、中宮御大極殿云々、

神武天皇御宇始矣、未得解由、皆聽朝拜、但宴會不聽、式文

同日、宴会事、宣命 中務式云、賀正畢、乘輿御豊樂殿、賜宴侍臣、省預點檢次侍從以上十六日准之、云々、或於紫震殿有此儀、

[12]命婦已下、今食以上、[13]〔良〕掃部女[14]〔司〕孺十一人、燈守四人裝束粁、並依内侍司移請充、但件事又見新嘗會条、

外記廳例云、中務進侍從見參文、御〔仰〕外記造、奉進大臣、々々奏畢、返給外記、々々續収、或説、外記給縫殿、

天暦九年十二月論奏、止[15]〔音〕署樂、依御忌月也、安和度〔復脱カ〕舊、長和元年以後依件例、[16]同六年又復舊之、

此説非、何則、縫殿就外記、寫取見參、

（3ウ）

同日、内藏寮賜酒肴殿上男女房及藏人所事、」

十五日・三月三日・五月五日・七月七日・九月九日、同賜之、但二・三日、女房及所料不儲、

同日、中務省奏七曜御暦事、見宴會記、

同日、宮内省奏氷様及腹赤贄事、見宴會記、筑後・肥後所出、見官曹事類、

同日、式部省進國司秩滿帳事、

同日、式・兵二省進補〔任脱〕帳事、錄進外記、

式部式云、内外諸司主典已上、及諸國史生・博士・醫師・陰陽師・弩師補任帳、毎年正月一日・七月一日進太政官、但藏人所析、六月・十二月廿日進、若有改官及歴名錯謬者、以朱側注、其解闕帳者、正月一日進、參議已上、不注解闕、又諸國秩滿帳者、正月一日進之、藏人所析、又十二月廿日進、」

（4オ）

官式云、秩滿簿、正月一日進太政官、外記覆勘進大臣、奏聞拜除云〻、

蔵人式云、同日、二省進主典已上補任帳、但式部加進一分已上秩満帳、注云々、年月日雖注件日、其實舊年十二月廿日、二省丞參所進之、蔵人取解文云々、

延兵式云、武官補任帳、准式部省、毎年正月・七月一日進太政官、若有遷官卒死之類、以朱注側、其内裏新、更寫一通、六月・十二月進蔵人所、

同日、式部省諸國郡司補任帳進太政官事、

省式云、毎年正月一日、与諸國・諸司史生已上補任帳共進太政官、

同日、中務省女官補任帳進太政官事、或注四日、

省式云、進太政官、若有遷任卒死之類、以朱點側、

同日、治部省威儀師已上并従儀師及諸國講讀師補任帳各」一巻進太政官事、

（4ウ）

省式云、〔年脱〕終勘作、正月一日進太政官云々、

同日、奏去月上日事、毎月事也、或説、參議已上々日、注四日、弘仁官式、毎月晦日勘録、少納言来月一日進奏、又録參議已上17〔下少〕小納言〔上脱〕日、送弁官、

式部式云、諸司毎月二日、送五位以上前月上日、其參議以上及少納言、

並聽通計内裏上日、皆収置省、不可奏聞、

大臣以下外記已上去年冬秋馬粁下文事、十二月下旬、案之、

四孟告朔事、太政官、若有朝拜者、二日諸司進告朔文於弁官、自餘月、朔日進云々、[18]〔亦〕式部式云、乗輿不御之日、省掌直立弁官廳前、立曹司廳二月云々、〔同〕

毎月事云々、

陰陽寮雜公文事、民部、

(5オ)

税帳・大帳・出挙帳事、民部式云、凡雜公文結解者、正税帳・大帳・出挙帳明年正月一日、二寮并申送省、即同月上旬」申官、但出挙帳留省、

立春日、主水司獻立春水事、水或注外、〔氷〕

清涼記云、主水司官人以下、令持御水付女官、々々[19]盛調、付女房傳供之、

主水司式云、御生氣御井神祭、[20]中宮准此、右随御生氣、[21]擇宮中若京内一井堪用者定、前冬土[22]王、令牟義都首[23]前式偏字渫治即祭之、至於立春日昧旦、牟義都首汲水、付司擬供奉、一汲之後、廢而不用、

上子日早朝、内蔵寮供若菜事、内膳司同供之、」

(5ウ)

上卯[25]日、大舎人寮獻御杖事、東宮・大舎人、

前式[24]付水司云々、

（脚書）漢書王莽傳注云、服虔曰、剛卯、以正月卯日〔佩〕飢之、長三寸、廣一寸四方、或用玉、或用金、或〔今〕用桃、着革帯佩之、金有玉在者、銘一〔面〕兩曰、正月剛卯云々、師古曰、今往々有土中得玉剛卯者、案其大小及文、服説是也、近日有剛卯杖云々者、未知其所出、今案之、以世稱卯杖加本文剛卯、俗以桃木跨振付衣袖者歟、又剛卯不可為卯杖之本文了、

國史持統天皇三年、大学寮獻[26]殺杖八十枝[27]、文徳天皇實録云、諸衛獻殺杖、逐精魅也、

同日、作物所[28]供御杖事、見藏人式、

同日、進御杖中宮事、

宮式云、遲明、職官設案二脚於南廊、近衛陣列常寧殿左右、大夫已下舎人已上、供進御杖卌具、安於案上退出、次皇太子進之、内侍傳取奉覧、次大舎人、次兵衛、〔訖脱カ〕[29]内侍令職官檢收、即近衛退、

同日、上厭害氣事、

陰陽寮式云、新年鎮害氣者、預前勘錄害氣在處并所須鎮物申省、[30]〔東〕〔水脱〕申流沙云々、」（6オ）

正月上厭日遲明、官人率陰陽師、設鎮處於害氣之地、宮門内外各一處、坑方深三尺、訖申内侍、兼亦移告諸司・所々、五位已上及宮人寺、取杵[31]讀咒曰、害氣消除、人無疾病、五穀成熟、築二七杵、其外鎮處、庶人已上取杵築之如内鎮、但御忌當害氣在所者、不行内鎮、

雜式云、諸國鎮害氣者、於國郡郷邑、毎年正月上猒日作坑、方深三尺、取東流水沙三斛置坑内、以醇酒三升灌沙、然後以土覆之、大小各踏其上、以杵築之、各二七杵、咒曰、害氣消除云〻、如上、

朔日、忌火滙火祭事、」（6ウ）

神祇式云、毎月朔云〻、（中宮・東宮准此、但忌火不祭、右宮主於内膳行事、但東宮於主膳監行之、）

二日、諸司供奉御藥事、（如元日、）

一七个日、定心院修法事、

民部式云、定心院正月一七个日修法料云〻、十二月十日以前、割近江國年料進官、内官長主當送彼寺、

二日、中宮受皇太子朝賀事、（式云、常寧殿南庭云〻、）

同日、中宮受羣官[32]朝賀事、（附大饗事、雅樂式云、正月二日中宮・東宮饗宴、官人[33]率樂人等供奉云〻、）

式云、玄暉門外西廊、（親王以下諸王[34]五位於廊上云〻、諸臣五位於廊下南面、[35]）云〻、典儀曰、再拜、賛者承傳、群官再拜云〻、稱賀詞訖云〻、群官再拜云〻、群官稱唯、再拜、訖

（７オ）

退出、但中務輔引次侍従以上着座云々、事訖賜祿云々、祿法見」式、又參議已上女蔵人賜之、五位已上宮司賜之、同日早朝、中務召職司、給次侍従已上見參、即別錄四位已上名簿進内侍、為令弁備祿物、

中務式云、二日拜賀中宮・東宮、點檢次侍〔従脱〕[36]已上云々、

式部式云、六位已下列五位之後、立定、群官再拜、職大夫出自内裏、傳宣令旨、群官共稱唯、再拜退出、

同日、中宮受女官朝賀事、

中[37]〔宮〕務式云、内親王已下女官命婦已上、六位已下云々、〔訖賜脱〕[38]饗宴祿云々、

同日、皇太子受宮臣賀事、見式部式・春宮式・儀式才、

三日、中宮給省并典藥官人已下酒肴并祿事、

同日、典藥寮進中宮年料御藥事、

」（７ウ）

式云、寮候、内侍啓、進以上攣〔納〕[39]寮助御匣殿、八日平旦更請、送八省御齋會所令加持、十四日返貢如初日儀、此日給供奉官人以下祿、

同日、諸司朔日見參送式部省事、他月一日、

式部式云、毎月朔日、正月三日、諸司捴計見參初位以上長上・番上、造簿各令主典申送省、无位番上亦同、但勘解由使不奉送限、40〔在〕云々、見式、

同日、諸司送五位以上々日事、他月二日、

式部式云、毎月二日、正月三日、諸司各計五位以上前月上日、造簿令主典申送省、太政官上日、下符於省、以下諸条皆改此、41〔放〕云々、

同日、門籍事、

（8オ）

中務式云、應入宮閤門諸司門籍、毎月一日、正月用三日、但朝拜停年、元日送之、以下如此之類、皆改此、42〔放〕」十六日送省、々覆勘訖、丞一人加署、即喚左右衛門・兵衛才府分付、但前番門籍返付本司、

大舎人寮式云、毎月一日、官人前月上日并番上粮文大月粁白米卌43〔廿カ〕四石、但小月減八斗、・上番門籍文申省、正月者二日、朝拜止者如恒、同日有衛府番奏云々、下番並同、

同日、諸司馬粁文申送式部省事、

式部式云、六月・十二月、文官各惣計當司并所管官人[44]已〔上日〕上造簿、正月・
七日〔月〕平旦、各令主典申送寸事、如季祿儀云々、
同日早朝、奏去月殿上所々・諸陣上日事、他月皆效此、藏人式、
同日、東宮[45]〔受女官カ〕女朝賀事、春宮、
同日、行幸院若皇太后宮事、藏人式又注之、」

（8ウ）

四日、諸司申要劇事、[46]〔月脱〕每進之、但二・四・七・十月、三日進、即讀申外記廳、
官式云、諸司要劇者、錄前月應給官人及物數、每月四日申官、即加官要
劇、造惣目、同日申太政官、五日官符下宮内、十三日出給、但[47]田給〔給田〕者、

一云、二・四・七月、五日申云々、

下符勘解由使、
内記式云、依上日請要劇文、每月申中務事、
同日、若朔日欤、諸衛進當番歴名事、
同日、國忌事、廢務、他皆同之、東寺、太皇大〔太〕后藤原氏、諱穩子、承平・天暦[48]二年〔帝〕母、天暦八年崩、同八年始行之、
式部式云、省依諸司見參、造奏文、五位以上具注歴名、六位已下但載惣數[50]、付内侍令奏、

貞治式云、事畢、録見[49]傳〔僧〕并奉讀經數、付内侍奏、

（9オ）

治部式云、請當寺僧百口云々、又云、前三日、申送弁官、其應供齋會、
省輔・丞・錄及寮五位并允・屬各一人、歷名同申送、」
弘仁官式云、國忌者、治部省預錄其日申官、前一日、少納言奏聞、諸司
就寺供[51]京〔齋〕會事、但[52]東西寺、參議已上及弁・史參之、同式部式云、散位五
位以上、無故三度不向、勿預節會、貞式丨云、東西[53]兩寺闕二度已上者、
十二月兩度、興福寺闕一度、并不預、其六位已下闕職掌者、奪季祿布[54]二
端、

同式云、參平城國忌官人已下、散位五位[55]以上、給上日五个日、

同日、童親王拜覲事、藏人式、置國忌之後例、可尋、

五日以前、民部勘錄國司功過進官事、民部式云、諸國大未進・小未進才帳者、勘錄國司功過、每年正月五日以前進官、

（9ウ）

五日、叙位議事、年来之例、四[56]・五日大臣家饗、仍六日行云々、」

藏人式云、六日叙位議[57]、前一日、仰内藏・大炊才寮、豫令儲酒饌[58]云々、
官式云、七日、若叙五位以上者、前二日云々、

五日、進諸國權官馬粁文事、弁官云〻、

七日、節會及叙位事、天暦九年十二月十三日論奏、停音樂、依御忌月也、又長和御時、同停音樂、但無論奏、不當御忌月之時、行如常、

中務式云、七日・新嘗會、命婦賜祿、一同男官、祿法見大藏式、

内教坊式云、七日、女樂五十〔人脱〕裝59〔束脱〕断〔新〕云〻、

同日、兵部省奏御弓事、

同日、白馬事、

藏人式、御南殿、爰白馬度紫宸殿、亦度清涼殿御前、仍垂」東廂御簾云〻、

中宮又有此事、給馬寮官人酒祿、

是日、官人散下式部事、小〔少〕納言・外記六位、書各職姓、少納言内弁、外記内弁・外弁名、但署少納言・外記各一60人官位姓名、其例云、太政官少納言云、其記右、

今日官人散如件者、又此日俘囚見參、左近官人進外記、但進階下、

(10オ)

七日以後、61 式・兵兩省進五位已上歴名帳事、進藏人所并外記、

中儀

八日、大極殿御齋會始事、式62〔或〕有行幸、貞63〔玄〕云式云、請僧卅二口、同式部式云、五位以上闕職掌、毎度奪位祿絹一疋、若絹盡、以布准奪、其六位已上64〔下カ〕、毎度奪65〔祿脱カ〕季布二端、

」

（10ウ）

式部式云、齊會之間、省録五位已上及闕怠之由、毎日附内侍奏之云々、

天平九年十月、講冣勝於大極殿、朝廷之儀、一同元日、請律師道慈、為講師云々、或高野姫天皇御世、神護景雲三年始云々、

宮内式云、丞・録各一人、欒史生四人、日別臨檢供養、

弘格、均請六宗学僧事、延暦廿一年正月符、華嚴・律・三論・成實・法相・倶舍・天台・真言、

承和六年十二月勅、以維摩講師、為宮中冣勝會講師、[66]〔為脱カ〕永恒例云々、

同日、修真言法事、治部式云、真言法、毎年正月、起八日至十四日一七个日、於真言院修之、

承和元年符、大僧都空海表、擇真言宗法僧二七人、沙弥二七人、」（11オ）令修法護持國家・成熟五穀、

同日、修大元師〔帥〕法事、遣御衣、事了返上、

治部式云、大元帥法、毎年正月、[67]記〔起〕八日至十四日一七个日、於省修之、

清涼記云、遣御衣、事〔了脱〕返上、

又真言院可遣之云々、

同日、女叙位事、非毎年之事、其位記者、於御所頒給、其内親王及及〔衍〕女御丬位記、差中使遣里弟〔第〕、更衣以下、従内侍所、差闈司・女史可遣歟、皆有祿云ゝ、

同日、賜女王祿事、十一月新嘗會亦同、

蔵人式云、随弁官申、可令參入女王之由、召仰右近・兵衛・ゝ門丬陣、

正親式云、凡賜祿女王定二百六十二人、其随闕補代、及改姓不為闕、事

[68]〔上脱〕並同條云ゝ、　」

(11ウ)

見十二月事内、

又云、給女王二節祿見參簿、當日早旦奏、

諸國ゝ廳吉祥悔過始事、玄蕃式、迄十四日、但大宰観音寺於本寺修、

官曹事類云、神護景雲二年四月十五日官符、永為恒例、

諸國ゝ分二寺轉讀㝡勝王經事、僧尼依見數云ゝ、但迄十四日、主税式云、其布施云ゝ、但供養用寺物、

七日以後、式・兵兩省進五位已上歴名帳事、進蔵人所并外記、

蔵人式云、式部省進五位已上歴名帳事、丞參所進之、

式部弘仁式云、五位已上歴名帳、毎年正月、[69]侍〔待〕叙位官符、即奏内裏、

式部式又〔文カ〕、延喜又如〔之脱カ〕

件事、式条雖存、今人不尋知歟、

(12ウ)

(12オ)

貞観式、更写一通、進太政官、貞又云、群〔郡〕司并祢宜・祝及夷俘ホ五位歴名帳、別巻毎年進之、」

九日、始議外官除目事、闕官帳、受領到任勘文、以上、正月朔間奉之、大間書寄物、年来不書儲之、奏粁闕官帳二巻、四所労帳、四所廻籍勘文、文章生歴名帳、大学、内舎人労帳、中務、五位散位労帳、六位散位労帳、文章生散位労帳、

蔵人式云、鋪公卿座、并仰諸司賜酒飩〔饌〕、如叙位議、十日・十一日又如之、

十日、中務進宮人考選文事、進内侍也、内侍昇殿、70校〔披〕書奉覧、返給即受、造目録、与式・兵共申太政官云々、

71十（衍カ）三日、三省申秋冬馬粁文事、

官式云、凡諸司馬粁者、起正月盡六月、計上日一百廿五以上、給春夏粁、中・式・兵ホ省録人物数、七月十日弁官率三省、申太政官、某〔其〕太政官云々、即録三省所申惣目、十五日小〔少〕納言奏之、廿日官符下大蔵、」廿二日出給、秋冬准此、事見式部式、中務式云々、前件女官、自正月至六月、上日一百廿五以上者、給春夏馬粁錢、初任官、計日、准給季録〔禄〕法、秋冬准此、春夏粁七月十日、秋冬粁正月十日、与式・兵共申太政官、某〔其〕有上日共等労劇亦同者、依官位次、作差分給、縦満限日、貪濁有状者、不須給与、

如帯二官者、従一高給、其員外官者、[72]六〔亦准〕位正員、
式部式云、十日質明、録就左弁官版位申曰、将申馬粁文於上、中・兵二〔亦〕[73]
如之、三省輔各率丞・録、就太政官版位朩事、如季[74]〔儀脱〕禄云〻、
兵式云、馬粁云〻、右自正月至六月上日夜[75]、各一百廿五以上者、給春夏
馬粁銭、秋冬准此、某〔其〕春夏七月十日、秋冬正月十日、与中務・式部共申太政官、但雖満限日、貪[76]〔濁〕渇有状、〔者脱カ〕不須
給与、〻〔衍〕若帯二官者、従一高給、其齋宮門部・馬部司粁者、以伊勢」國
神税給[77]、不給夜粁、若不足者、通用比國、
同日〔十日〕、申親王以下月粁事、官式云、録来月教[78]〔數〕、毎月十日申太政官、十七日官符下宮内、廿五〻〔日〕出給、
兵部省應供奉内射五位以上歴名置侍従所事、年来例、十二月廿日置之云〻、
癸日、[illegible]火・平野・竈神祭事、坐内膳司、謂癸祭是也、
陰陽式云、毎月癸日之中、擇吉日祭、若當御忌避之、其粁物者、前祭申省、[79]〔省脱〕移所
司請受、
十一日、除目事、蔵人式云、清書畢、御南殿、有除目、及于昏黒、不御南殿之時、或於御前有清書之間、蔵人候脂燭之、事畢還御、

(13オ)

式部式云、除目奏者、莫過當日、若日暮不堪書者、明日早朝奏之、又云、除目簿案一通、除目後五日内、加勘合進弁官、

(13ウ)

十一日、中務宮人考選文進内侍事、

十三日、三省申秋冬馬新文事、中務・式部・兵部、

式部式云、80十(衍カ)三日平旦、各令主典送事、如季祿儀、

同日、三省進冬季帳事、

同日、照〔昭〕宣公(藤原基經)忌日、寛平三年薨、

十四日、御斎會畢事、先一日外記申上、定宣命使王大夫、又内記前一日、以宣命付内侍令奏之、覧了返給、當日進大臣云〻、廳例云、四位或五位云〻、

大炊式云、同會終日、白米・黒米・糯米・黍・稗・胡麻・大麦・小麦・大豆・小豆、各四斛、

東西寺預請脩供、件新米百卅石、播磨國年新米内、天祿元年九月七日永宣旨、十二月内可進錢六十貫文、紀伊國綿代、貞元二｜二月九日永宣旨、十二月内可進、

(14オ)

同日、殿上論義事、蔵人式云、若當御物忌、於南殿有此儀、宮中論義始、孝徳天皇白鳩〔雉〕三年云〻、天長十年、御紫宸殿論義云〻、

早旦、所司装束事畢、僧綱已下威儀師已上、賜布施、

同日、年分度者事、

玄蕃式云、年分度者、試業訖、更随所業、互令各論、擇其翹楚去〔者〕[81]、乃聡〔聽〕[82]
得度、其應度者、正月齋會畢日令度、畢省〻（行カ）先責手實申官、与民部共勘
籍、即造度縁一通、省・寮・僧〔綱脱〕共署、向太政官請印、即授其身、其別勅
度者、勘籍度縁亦宜准此、但沙弥尼度縁者、[83]有用省印、

同日夜、男踏哥事、天暦以後、康保以往、依御忌月止之、天元一度行之、三月以前有後宴事、

藏人式云、前六・七日、於御前、披撰定哥頭以下、其後中院習礼二・三
度、前二日、中院試樂云〔〻脱カ〕、雨儀、八省院ム堂云〻、」
古人云、欲行弓結〔張カ〕之時、必有踏哥、仍稱後宴、臨時俄有踏哥云〻、而康
保・天元踏哥年、皇后不加、仍年来絶〔不〕所行此事、太訛謬耳、

(14ウ)

十五日、主水司獻御粥事、[84]〔七〕十種御粥也、付女房傳供之、其御器内蔵人所、[85]〔納〕當日請申之、
或〔式〕云、中宮亦同、聖神寺・常住寺粁煮倫、早旦令水部送之、世風記、正
月十五日亥時、煮小豆粥、為天狗祭於涯中案上、則其粥上凝時取、東向
再[86]〔拝脱〕、長跪服之、終年無疫氣、

続齋諧記曰、昔後漢呉
縣張成夜出、屋南角見
一青夜〔衣〕童子、謂成云、
我是家蚕君、至正月半
作餻糜、於此祭我、〻
令汝今年大得蚕、所宜
百倍、出捜〔神脱〕記云〻、

月舊記云、日本博士中臣丸張弓并林佐比物・田邊浄足ホ、勝寶五年正月四日勘奏云、昔黄帝伐蚩尤之時、以此日伐斬之、其首去上為天狗、其身者伏而成地霊、是以風俗此日亥時云々、

同日、中宮給粥并酒肴於内侍已下事、餘節給酒肴ホ准此、」

(15オ)

同日、御薪事、天武天皇四年、百寮諸人初位以上進薪、令云、毎年正月十五日、長七尺、以廿株為一擔、

官式云、辨・史及左右史生・官掌各一人、就宮内省、与式部・兵部及本共[87]〔司脱〕検校諸司應進薪數、

式部式、諸司・諸家去年得考人數、并可進薪ホ勘定、正月十五日移宮内省、訖更惣注考人色目及薪數進官、

又云、省内雜色毎年進薪限一千擔、其三百擔分充春宮坊、自此以外不得更徴、若有違徴者、省掌解任永不叙用、又云、質明、輔以下就宮内省、検収諸司・畿内進薪、事見儀式、

隼人式云、史生一人并太衣率今来隼人、就主殿寮、發聲一節、乃進御薪、

宮内式云、遭穢之人御薪者、過穢限後令進、」

（15ウ）

同日、兵部省手番事、自省催諸卿、不參時、省錄申藏人所、仍召諸卿云〻、近衛・兵衛進的、

弘仁省式云、簡五位已上能射者廿人、不足、六位已下、於省家前路弓逹寬處、以令調習云〻、

延喜省式云、十七日大射、前月廿日、省點親王以下五位以上廿〔卌カ〕人、88 前二日簡定能射者廿人、若不足者、通取六位已下、於省南門射場、令調習云〻、

同日、奏給諸司秋冬馬新目錄文事、官式云、少納言奏之、

同日、遣內舍人勞問常住寺十禪師事、中務式云、九每月十五日遣之、兼奏修法行事、

十六日、女踏哥事、文〔天〕曆九年十二月論奏止之、安和詔依舊行、長和又止、同六年以後又行之、

天平十四年、御丈〔大〕安殿宴云〻、更令小年童女踏哥云〻、於是、六位以下人才鼓琴、哥曰、新年始迩、何久社〔志脱〕、供奉良米、万代摩提丹云〻、」

（16オ）

同日、中宮給踏哥妓女饗祿事、或〔式〕云、89〔六脱〕卅人祿絎綿、預請大藏省、畢班賜有着〔差〕、90

同日、91 男王饗事、宮內式云、於省廳給、丞宣云〻、

同日、三省進去年冬季帳事、民部・式部・治部・兵部、但民部省進鐲符、進於弁官、
獻歳無外記政、仍〔衍カ〕[92]無官史讀申、
同日、式部省進徴免課役帳事、
式部式云、九四季徴免課役帳者、四孟月十六日、申左右弁官、同延式云、
四季徴免課役帳、毎季造三通、丞・錄各一人勾當其事、精加覆勘、四孟[93]〔月脱カ〕十六日、一通進外記、[94]〔進脱カ〕二通左弁官、若失錯者、勾當之官准法坐之、四・七・十月朩、皆可注載之、
同日、兵部省進同帳事、延兵式云、九四季徴免課役帳者、丞・錄各一人、勾當勘造、毎季造三通、孟月」十六日、一通進太政官、二通進右弁官、若有失錯、准法坐勾當之官、四・七・十月朩、可同注之、

(16ウ)

同日、民部省進大粮文事、弁官、毎月進之、
官式、毎月十六日申太政官、廿日官符下民部、廿二日出給、若逢雪雨、臨時改日、月析・要劇・大粮条〔文朩カ〕、惣入此雨雪文、
民式云、九給公粮者、本司毎月十一日錄移送省、〔ミ〕[95]之惣勘錄、十六日申官、

待印書到給、但六・九・十二合三个月、以十三日為申省期、

十七日、射礼事、太政官・兵部、豊樂院若建礼門、有行幸之、不出御時、遣公卿行事、

射礼依雨延例、弘仁十一年、應和二年三月十三日、

式云、官人皆用漆弓、式部式云、大射者、預黙召使四人、擬執旗、」(17オ)依天暦九年十二月論奏上〔止〕96、同月廿五日宣旨定、三月十三日行之、天皇晏駕之後、復舊行、長和又以三月行之、六年以後又復舊、

天智天皇九年正月、詔士大夫ホ、大射宮門内云々、

大同二年、止正月為九月節、依三節聞食、雜事繁云々、

木工式云、三尺的十枚、二尺五寸的百七十枚、内匠寮預前来畫、即寮官率長上工部ホ、供之云々、

衛門射手、官人二人、門部・衛士各十人、其次第、在兵衛後、兵衛射手、官人兵衛廿人、後參官人二人、兵衛十人、

十八日、賭弓事、此日甚雨、十九日行之、早朝兵部省・四衛府射手矢、進内裏、

中儀、近衛緑襖、

(17ウ)

此日、差參議一人、遣射遺所、」

貞近衛式云、十八日、射手官人・近衛并十人、必倫將監、當日早旦、録夾名奏聞、取箭近衛八人、為二番、〻別四人、不帯弓箭、97申〔マヽ〕貞觀二年、帝98掌〔幸〕豐樂院、觀賭射、近衛少將侍帝座東西、書中不、如舊儀云〻、

延喜兵衛式云、射手官人、兵衛惣七人、必將尉、其取箭兵衛四人、二番、〻別二人、

廿日、内記春夏祿文進中務省事、

同日、諸王春夏時服事、正親司、

宮内式云、給99法〔諸王カ〕服時服者、歳滿十二、毎年十二月、京職録名送省、〻付正親司、勘會虚實、訖即申省、〻100録〔申脱〕官、下符給之、」

(18オ)

又云、給男王春秋時服者、丞・録・史生各一人向正親司、勘見參者給之、若不參101〔過脱〕百日者、申官返上、女王不在此限、

正親司式云、凡諸王給春夏時服者、二世王絹六疋、絲十二絇、調布十八端、鍬卅口、四世王以上並如今〔令〕[102]、正月廿〔衍〕[103]四日錄送省、秋冬准此、（但以錦代糸、以鐵二廷、代鍬二〔五カ〕[104]口、）皆[105]向大藏受之、不得遣人代請、

同日、馬料官符下事、（大藏省、官式云、官符下云々、）

同日、内宴事、（廿一・二・三日間、若有子日、便用其日、天暦依御忌月止、三月行之、其後亦今月、）承和元年正月、内宴於仁壽殿云々、仁壽二年正月、命樂賦詩、預席者不過數人、此弘仁是〔遺〕[106]美、所謂内宴也云々、」

下旬、中務省申充諸司月料紙筆事、

（18ウ）

官式云、中務錄數申官、々即下符中務、令允諸司、每月下旬、受来月料、又云、太政官弁官、紙筆朩、圖書擇精好者、每月副解文進、莫更令使受、自余物、見十二月上旬、

廿一日、諸司進年終帳事、（太政官式云、事見二月廿一日・十二月卅日、被管二月廿一日進之、其年号下注、十二月卅日、並加外題、下勘解由〔使脱〕[107]、近衛式云、進弁官、諸衛准此、）

廿二日、於大蔵省給馬析事、太政官式云、廿二日出給、事見式部式云〻、

廿八日、國忌事、東寺、贈皇太后、諱超子、長和帝母、停四月三日贈皇太后懐子國忌、人〔入〕之、

卅日以前、僧綱申情願僧事、

玄蕃式云、僧綱毎歳首、遍訪求諸大寺僧情願國分僧者、不[108]〔論〕滿」多少、細(19オ)記年臈并願國、正月廿[109]〔卅〕〔日脱〕以前、經省寮申官、若申國分寺僧死闕、即便補之、

晦日、内蔵寮進御靴挿鞋才事、

寮式云、月別縫造御靴、挿鞋各一兩、御析、錦鞋三兩、中宮析、雜給錦鞋五兩、御析盛漆櫃、敷白褥、安漆牙牀案、帊帶才云〻、毎月晦日、先進奏[110]〔奏〕状二紙、一紙御、[111]〔析脱〕一紙雜給析、内侍執奏、即寮官四人舁案、奉進蔵人所、中宮准此、但雜給析盛柳筥、進内侍、六月・十二月神今食、十一月新嘗析、別挿鞋一兩、送縫殿[112]〔寮脱〕、不御祭所之時、以鷹鼻沓、代挿鞋、

晦日、掃除宮中事、左衛門式、凡毎月晦日、掃除宮中者、差將領・府生一人、火長四人、送民部省、兵衛又如之、又云、八省院廻、左右相分掃除、豊樂院亦同、」

（19ウ）

民部式云、九毎月晦日、令諸司仕丁掃除官〔宮カ〕[113]中、主殿寮仕丁者、以廿五人充之、若有闕怠者、留其月粮一斗、申官返上、但太政官・左右弁官・内々（衍）記・主鈴・中宮・内膳・造酒・主氷〔水〕才職司仕丁、並免掃除、内蔵寮従三月至九月亦免之、其將領・左右衛門・左右兵衛府生夾名、移送弾正臺、九大政官内末〔者〕[114]、割晦掃仕丁廿人、掃除、九大学寮者、毎晦就省、請掃丁十人、掃除、

晦日、神祇官奉御贖物事、始今月至十二月、毎晦奉之、但六月・十二月、別省〔有〕儀式、

式云、毎月中臣率卜部進之云々、

中宮官人奉之、始自今月至十二月、毎晦奉之、」

（20オ）

神祇式、月晦日御麻、六月・十二月、不在此例、中宮御麻、東宮准此、右云々、其中〔宮脱〕[115]・東宮奉儀、同六月晦、

同日、御巫奉御贖事、始自今月至十二月、毎晦奉之、

神式云、中宮・東宮准此、六月・十二月、不在此例、右御巫行事、

御巫參上、以御贖附女藏人令供、事了返給、

神式云、御贖物者、毎月十五日以前、移於所司、廿七日受備供之、

斎院竈神祭、毎月神官移所司請取、令宮主祭祓、

今月、計上日事、

官式云、毎月晦日、官錄參議以上[116]日〔ゝ脱〕、少納言来月[117]一日秦〔奏〕〔進脱〕、又錄參議以上

(20ウ)
及少納言上日、送弁官、ゝゝ惣修符、二日下知式部、自餘考文・」季祿・

馬粁亦同下知、其下中務門籍・時服之類准之、

銓擬郡司集省事、式部式云、試諸國郡司主帳以上才、毎年正月卅日以前集省云ゝ、

大帳勘申事、主計、

一分召事、件事可在二月、式部省所行、先經奏聞、

大臣家饗事、昨〔依カ〕宣旨、二・三日間被行、貞信公（藤原忠平）四日被行、或時十日・十余日被行之、御斎會間用菜、不用魚味云ゝ、又十四日行例兩度、小野宮、九条殿、

雅樂官人䜌[118]人樂〔樂人〕供奉、貞信公（藤原忠平）・枇杷左大臣（藤原長良）、依御忌月雅樂不參、而依安（藤原）

親卿説、故關白（藤原道隆）家大饗、雖雅樂不參、有管弦之事、時人不許、

（21オ）

賜蘓甘栗事、

蔵人式云、四日若有大臣大饗、遣蔵人一人於彼家、賜之云々、随饗日有此事、式〔或〕加給鮮雉、

此月、始外記政事、

外記先申事由於一上、召陰陽寮令[119]釋〔擇〕申吉日、其後差召使令申諸卿、大臣〔昇脱カ〕殿、外記申文、召陰陽寮官人、可令申結政所之時由、召官掌汰〔仰〕可申諸弁之由、又作〔仰〕造曹司所敷廳及逓中之沙、今案、可始政之日、過内宴之後、申一大臣可令釋〔擇〕申之、是年来之間、依上仰所行也、件注出傳説抄、

二月、伊与・土左、去年調帳進官期、但伊与宇和・喜多両郡、三月為期、

擬文章生試事、

（21ウ）

式部式云、凡擬文章生者、春秋二仲月試之、試了喚文章博士及儒士二・三人、省共判定其[1]才弟〔第〕、奏聞即補之、文章得業生試了判定奏聞亦同、

諸衛蒭畠事、馬式、二月耕種、七月以前苅訖、不得申旱損、

朔日、旬事、除廢務外、他月朔・十一・十六・廿一日ホ同之、但二孟月儀文、〔有脱カ〕別其記之、

蔵人式云、旬、御南殿、事了還御、他月數〔效〕之、

六衛上番奏事、

一日、諸衛蒭運賃申官事、近衛式云、府蒭陸田十町、營苅運賃并食料、以二月一日申官請受、但左府送左馬、右府送右馬、衛門・兵衛各亦准此、

諸國金光明寺轉讀金剛般若經事、

主税式云、春秋二仲月各一七日、請部内衆僧、轉讀云々、2〔無脱カ〕若國分寺及部内無物者、並用正税、但供養用本寺物、

女官祿文、中務、

（22オ）

巡檢諸陵事、諸陵式云、諸陵墓者、毎年二月十日、差遣官人巡檢、仍當月一日、錄名申省、其兆域垣溝若有損壞者、令守戸修理、專當官人巡加檢校、

大臣以下外記以上春夏季祿下文事、正月下番、案之例式、謂太政官錄者、當月一日錄送弁官、是也、

上丁日、釋奠事、今案、舊例、相當祈年祭、則用中丁、若當薗韓神祭、同日共行、

月令云、仲春上丁、令樂正習舞釋菜、樂正、樂官之長也、令舞者、順万物出地鼓〔將〕舞也、時舞必釋菜於《オイテ》〔先〕者師、以禮之也、天子乃師〔帥〕三公・九卿・諸侯・大夫、親往視之、

唐典要略云、國子祭酒、掌邦國儒学、訓導之事、有六学焉、九春秋二分上

丁、釋奠于先聖云々、
孔宣父、以先師顔回醜〔配〕、
七十二弟子及先儒廿二賢
從祀焉、
同式預享之宮3〔官〕条、可注加
之、
雅樂属一人、率歌人才供
之、
内膳式、雜菜四斗、色目
見大膳式、春秋並同、

(22ウ)

小祀、四座、

雅樂官人一人、率歌人才
供之、

(23オ)

令4云、釋奠於先聖孔宣父云々、大寳元年二月丁巳、釋奠之礼、」於是始見、

大学式云、十一座、二度座〔衍カ〕、先聖文宣王・先師顔子、從祀九産5〔座〕、閔子騫・舟〔冉〕伯牛・仲弓・冉有・季路・宰我・子貢・子游・子夏、

又云、若上丁當國忌及祈年祭、改用中丁、貞觀今案、日蝕亦同、

延喜式云、其諒闇之年、雖從吉服亭6〔享〕停、

貞式云、京7〔享〕日、在園韓并春日・大原野才祭之前、及當祭日、停用三牲及

兎、代之以魚、六衛〔府〕扇式又同之、

明日、大学寮獻胙事、寮頭獻之、奏聞賜祿、

上申日、春日祭、未日使立、

馬式云、春冬神馬四疋、事訖、放本牧、走馬十二疋、其使五位以上官一人、率馬」

醫一人・馬部八人、

官式云、參祭氏、五位以上六位以下、見役之外、給往還上日四个日云々、

中務式云、使命婦一人、〔女脱〕8孺三人裝〔束脱〕析、冬又同、

藏人式云、前一日、近衛府使參入、就内侍所、令奏參向社頭由、若御前、

内膳式云、官人率膳[9]〔部脱〕仕丁、以供其事、秋祭准此、擔[10]〔大〕天臨時申省、

馬式云、春冬神馬二疋、差馬醫一人、令牽貢、

四座、今加、小祀、

小祀、今加、弘仁无、

(23ウ)

云々、具見式、中宮式云、使五位已上官一人、若大夫帯参議、不用、[11]史生・舎人各一人云々、

付蔵人、候常寧殿東、[12]〔宮脱〕主奉御麻、解除了退出、蔵人持幣、[13]〔案脱〕授使者云々、

[14]〔乃〕及達前所、當日馬寮牽供[15]〔御脱〕馬二疋、裝束析、並請所司充行云々、

供神物、見神祇式、大原野同之、又云、雑菜四石、色日[16]〔目〕見大膳式、

同日、鹿嶋使發遣事、

氏長者定氏院学生、下宣旨、使藤原氏、学生二人、内蔵史生一人、

官符内印、未日以前、陣覧内文之、

内蔵式云、使藤氏六位已下一人、寮史生一人、賷幣夫二人云々、使并上

道日[17]銭〔餞〕析鐵〔銭〕一貫、右其使名簿、前二月春日祭廿日、大臣[18]下官、寮差點史

生、申官預褁脩幣物、其使當日賷幣、發寮為[19]〔向〕國、

上酉日、率川祭事、用春祭明日、〔日脱〕南家苗裔掌行此祭、南家氏人口傳、件社故右大臣是公〔藤原〕卿所建立也、

上申日、平岡祭、冬十一月、官人一人率雑色人、供奉祭事、

上丑日、園并韓神祭事、一座園、三座韓神、若有三丑者、用中丑、今案、春日祭後丑、

式云、參議已上一人、就祭所、内侍来及、始祭之、

口傳云、件神元来坐此處、託宣、猶坐此處、奉護帝皇云〻、」

治部丞・錄、雅樂允・属、歌女・歌人才供之、

（24オ）

小祀、四座、

上卯日、大原野祭事、仁壽元年二月二日、右大臣（藤原良房）宣、據春日祭式、以平野・梅宮祭式、弥縫而行之、

式云、參祭藤氏、給上日二箇日云〻、貞式云、見役外給二日云〻、

中宮式云、使進一人、史生一人、其儀同春日祭、餘祭亦准此、

又云（中務式カ）、使命婦一人、女孺三人、各同、

雅樂官人一人、率歌人才供、

馬式、春冬神馬四疋、訖〔事脱〕[20]放本牧、走馬十疋、使允一人率馬醫・馬部云〻、

内膳式云、右一物以上、同春日祭云〻、見上、同式云、雜菜三石、色目

見大膳式、

四座、今加、弘仁无、

上午日、大宮賣祭事、坐造酒司、冬十一月云〻、神主供事、」

（24ウ）

三日、諸司祿文進事、

官式云、當月一日、錄送弁官、惣造、三日令史生送式部云々、
式部式云、正月七日下旬、文官各摠計[21]〔司〕當日及所管官人上日、依例勘錄、諸家准此、二月・八月三日、各令主典申送云々、
三日以前、京官除目事、藏人式云、一同外官除目、外記例云、此日以前、三省二寮勘解由、三属奏、
四日、祈年祭事、廢務、申祀三千一百卅二座、天武天皇四年二月甲申祭、
前散斎一日、少納言附内侍、令奏斎文如常、月次・九月十一日奉幣・新嘗祭㕝同云々、若依穢延[22]〔引脱〕停止時、於建礼門前、行大祓事、月次・賀茂・新嘗祭同云々、但賀茂・新嘗祭、同不祭、
神祇令注云、仲春祈年祭、義解云、謂、祈禱也、欲令歳災不作、時令順度、即於神祇官祭之、故日〔曰〕祈年、」

(25オ)

十[23]〔衍カ〕三日、三省申考選及春夏季祿目錄事、
同日、三省盛考選目錄并季祿目錄申、先三省輔・丞參入、申考選退出出〔衍〕之、後又被率弁官參入、申季祿事、此有錄共參入、若官人一人不具、省不申、

祿令云、凢〔在〕右京文武職事、及大宰・〔壱岐〕一枝・〔馬脱〕對、皆依官位給祿云々、

（25ウ）

中務式、女官考選目錄、申太政官、如式部儀、
官式云、諸司春夏祿及皇親時服者、中・式・兵卄省錄人物數、二月十
日、弁官率三省申太政官、（太政官錄[24]〔祿〕者、當月一日錄送弁官、惣送[25]〔造目〕、三日令史生送式部、）即錄三省所申惣目、十
五日少納言奏之、廿日官符下大藏、廿二日出給、（女官祿者、廿五日許[26]〔給〕、）辨大夫宣命、其
辞曰、今宣波久、常毛給布春夏祿給波人〔久〕上〔止〕宣、（女官者、中務輔宣命、）秋冬准此、（事見式部式、）又云、
諸司官人」得考并應成選者、中・式・兵三省、二月十日[27]〔申脱〕太政官云〻、式部
式云、弁官未申政之前、中・式・兵三省輔、各引其丞、就官版、如弁官申
政儀、輔讀申内外諸司・諸家考目錄、丞讀申選目錄、次兵、次中、丞〔並〕如
式、訖退出、（事見儀式、）又云、十日平旦云〻、随左右弁官引、就太政官前版位、
六位以下就[28]〔後脱〕版云〻、
中務式云、凢女官人、自八月至正月、計上日、一百廿以上者、給春夏祿、
（初任上日不滿三分之二者、不在給例、其女王時服不計上日、）本司各具錄人數及祿[29]〔物脱〕色目、二月一日申送於省、〻
勘會去年祿文、即造解文、十日錄与式部・兵部、共就弁官版位申曰、（二省申了、中

(26オ)

務又申、其列立依司次、中務省申久、[30]官〔宮〕人、詞曰比賣刀祢、春夏祿可給事上尓申給止八牟申、弁官命候之、錄共稱唯退出、即随」弁官向太政官申曰、中務省申久、春夏祿可給宮人合若干、損益去年人若干、物若干申給止申、大臣判命之、三省共稱唯退出、造薄〔簿〕進弁官、廿五日所司云々、

（十日）同日、啓東宮帯刀春夏祿文事、人別絹二疋、調布三端、并祿物、

十一日、旬事、藏人式云、一同朔日、

同日、列見事、上以下史生以上見參、案主書造、[31]參議以上一枚、少納言・弁一枚、[32]〔書脱カ〕先少納言、次書弁官、但四位其名不書、五位名後書尸字、外記・史是又惣外記、[33]〔先書カ〕官式云々、其成選應叙位者、式・兵二省各䉼諸司主典已上、十一日列見大臣、[34]二省依簿引唱、若當昇序者、[35]〔降〕親自執筆點定、餘儀如定考、事見儀式、番上者於式・兵引唱、見式部式、式部式云、諸司長上成選又列見太政官事云々、[36]〔人〕

(26ウ)

官所充事、」

式云、九造館舍所者、太政官曹司・[37]〔弁〕并・外記候所・大臣曹司及尉〔厨〕朩類、別當・小〔少〕納言・弁・外記・史、及預太政官・弁官史生各一人、二年為限、二月相替、別當先檢破損、文[38]殿公文者、史一人永勾當、其預左右史生各二人、每年二月相替、

九[39]〔家脱〕厨別當、小〔少〕納言・弁・外記・史各一人、及預太政官并左右史生各一人、

並一年為限、二月列見之後相替、

弘仁式、舘舎及公文厨者云々、毎年八月一日相代、別当造曹司者、[40]〔所脱カ〕正月相代、

十三日、造祿解文進左辨官事、式部式云、十日云々、訖造行〔解〕[41]文、十三日進左弁官云々、

十五日、奏給諸司春夏祿及皇親時服目[42]録文事、

式部式云、皇親時服者、季祿共給云々、

同日、季祿官符下省事、同季祿奏事、外記取集三省解文、合作奏、

此[43]日、十日不申目録省、今日雖進祿文、不入奏、

（27オ）

十[44]五・六日、山階寺涅槃法華會事、十五日涅槃、十六日法華、

玉燭寶典云、孔子内備經曰、震爻動、則知有佛大涅槃、又云、佛云、却後三月、吾當涅槃、將欲滅度涅槃、時到戀慕特深云々、又云、仏於狗尸邪、參羅王林、二月十五日入、无餘涅槃云々、

涅[45]槃會、今者常樂會云々、涅槃會明日所行法華會者、為熱田明神所行也、

十六日、申諸司大粮文事、

同日、旬事、蔵人式云、御紫宸殿、一同朔日旬、他月効此、

六衛下番事、

（27ウ）

廿一日、諸司進被管年終帳事、事見正月廿一日・十二月卅日、」

同日、旬事、蔵人式云、御紫宸殿、一同十一日、

廿二日、於大蔵省給春夏季祿事、

式部式云、平旦、分史生為六番、預遣省掌於大蔵云々、

齋院式云、不滿十年、〔令脱〕[46]致破損者、六位已下[47]〔季脱〕奪祿、

祿[48]〔令〕命云、凡右〔在〕京文武職事、及大宰・壹岐・對馬、皆依官位給祿、義解云、皆依官位給祿、謂、計以往日、[49]給[50]〔將〕往来祿、然則、[51]未給之前、以理去官、雖滿限日、不在例給也、自八月至正月、[52]〔日脱〕上一百廿日以上、給春夏祿云々、秋冬亦如之、凡祿、春夏二季、二月上旬給、以糸一絇、代綿一屯、秋冬二季、」八月上旬給、以鐵二廷、代鍫吾〔五口〕[53]、

廿五日、給女官祿事、中務、於大蔵省給、」

（28オ）

今月、鳴雷神祭事、神祇官、十一月准之、坐大和國添上郡一座、差中丞[54]〔臣〕一人供祭、

是月、式部省一分除目事、省卿參省行之、式〔或〕令奏事由、於里第行之、但行一分召事由、豫奏聞云々、

試[55]擬文章生事、

於式部省所行、八月同之、式〔或〕當日早旦、召輔一人、加封給御題、判定之後、以及第文、省丞參蔵人所、令奏聞、若省官中有昇殿者之時、以其人令奏聞、御覧之後下給、56

新藥師寺修法事、主税式、

季御讀經事、擇吉日行之、式〔或〕三月行之、第三日有御論義之事、仍初請之日、必以興福寺研学竪義僧、入彼寺輪轉之中、

貞觀御時、每季行之、元慶天皇〔陽成天皇〕踐祚之後、二季修之、昌秦〔泰〕三年三月十五日、右大臣〔菅原道真〕宣、七寺及新藥師・天王・延暦寺、若有闕」僧、別當・三綱、便選其人請補、立以為例、

件料油二石八斗二升也、若〔二石〕57河内・播磨、八斗三升三河、各正税交易、代主殿寮納内、

(28ウ)

件新米百石、越前國年新米内、天祿元―九月七日永宣旨、錢六十貫、周防國、綿代、貞元二年二月九日永宣旨、已上正月内可上、

諸國春米事、

民部式云、諸國春米運京、伊勢・近江・丹波・播磨・紀伊ホ國、二月卅日以前云々、送納訖、若有未進者、准未進數、奪専當郡司職田直、若不足者、亦役〔没〕58國司公解〔廨〕、自余國々見下、

(29オ)

花宴事、造酒、

諸國貢調事、民部或〔式〕云、伊与・土左國二月云々、但宇和・喜多三月、

客作兒事、民部式云、諸國客作兒、役畢還國者、免當年傜、其不堪見役者、以傜分并功稲、交易當土所出、二月以前令送役所、若有未進、59物〔拘〕調庸返抄、

正税帳事、

民部式云、進正税帳者、皆限二月卅日以前、並申送官、但西海道諸國并嶋、二月卅日以前送大宰府、々加覆勘、五月卅日以前申官、又可入五月季部、

此月中旬、奏位祿目錄事、或三月、大臣着陣座、60大弁申行、大臣令奏行之、此後弁於私宅充之云々、

(29ウ)

三月、伊与國宇和・喜多兩郡、去年調帳進官事、

一日、及十一日着朝座事、是月每旬、但廿一日國忌、廢務、官式、百官庶政、三月・十日1〔月〕旬日、於朝堂行之、

受業・非業移事、式部式云、諸國博士・醫師、受業・非業兩色、每年三月一日、移送民部省、

國分僧移事、玄蕃式云、僧尼、以去年定數、勘注一卷、當年三月一日、移送主悦〔税〕寮、

供粉熟事、内膳式云、起三月一日、盡八月卅日供云々、

寂勝會王氏事、正親司式云、九參藥師寺寂勝會、王氏無官六位已下、廿人已下十六人已上、司預差定、三月一日、名簿進太政官、

於鼓吹司試諸生事、弁・史各一人行事、

寮式云、起十月一日、盡二月卅日、以六[2](行カ)十人為一番、〻別卅日、更代教習云〻、其始發聲日、申官待報、三月一日弁官并兵部官人、就寮簡試能不、訖放聲[3]〔知カ〕、

差定造茶使事、

藏人式云、用雜色・非雜色才中、撰定上勞者、

一・二日、不必侯官、邦(藤原)基卿記云、延長二年九月三日、左大臣(藤原忠平)命云、故大臣(藤原時平)命故西三条右大臣(源光)、九月三日間侯官奏、此専記先例、甚可恠云〻、因之年来不候、」

(30オ)

三日、宴事、大同三年二月詔、従停廢、元〔先〕帝后登遐之月也云〻、

顯宗天皇元年三月上巳、有曲水宴、〻之起自此時也、

同日、御燈事、廢務、掃式、御潔齋、設錦端半帖一枚、東筵二枚、事畢即擬[4]〔撤〕、九月准之、

延喜藏人式云、三日御燈、起自一日至于今日、御潔齋及御精進、但今日内藏寮奏奉供御燈之後、供奉魚味御膳、

天暦式云、三日御燈、起自一日至于此日、御浄食、但朔日先令宮主卜御燈奉否之由、若不被奉御燈、猶有御[5]〔禊カ〕燈、猶有御浄食云〻、巳刻、内藏寮申奉御燈畢之由、

（即以奏、其後御膳用魚味、若雖御燈停止、同猶有御禊事、）

中宮式云、預前月廿五日、差定御燈使、進若屬・史生・舍人各一人、」仕丁五人、當月一日令〔更カ〕[6]卜、受料物於所司、（卜不吉不受、）三日旦〔平脱〕[7]、弁備御燈、宮主供奉御祓、（御麻幷塩酒案一前、解除調度如常、）退出、其後使𣏐發遣、供訖即啓之、

同日、内〔藏脱カ〕[8]寮辨備節食事、（一同正月、）

四日、崇福寺傳法會事、（九月四日又行、天平勝寶八年二月五日、參議橘奈良麿初行、）

七日、藥師寺㝡勝會事、（貞格、天長七年官符、中納言直世王奏云々、）

式部延式云、參維摩・㝡勝會散五位、給上日五个日、但待太政官所下簿、乃給之、

貞玄式云、始、十三日終云々、延中宮式云、讀師布施、軄送彼寺、（事見春宮式、）

延内藏式云、講師布施料、絹綿布韓櫃𣏐、送年云〔寺〕[9]々、」

貞官式、王氏五位以上參此會者、見役外給仕〔往〕[10]還上日、

同式部式云、五位以上若不參者、不得預新嘗會、六位以下奪季祿、其參

不者、待太政官所下簿、11警〔知之〕云々、

八日、貞觀寺常樂會事、寺家于今行之、講涅槃經也、厨家送新物、近年不見云々、可尋、

同日、高雄法華會事、

十日、内膳司供粽事、司式云、従三月十日、迄五月卅日、供新云々、

十日、國忌事、若有國〔閏〕月者、其月修之、興福寺、平城・嵯峨兩帝母后(藤原乙牟漏)、康保二年三月論奏、省除、

十一日、授戒事、玄蕃式云、九授戒者、每年三月十一日始行之、月内令畢、其應行事之省・寮・綱所三司夾名、當月五日進官、同貞式云、授戒畢、12見(行)具錄僧數、使并十師連署、上奏之、

中旬、嘉祥寺地藏悔過事、見大炊式、

十二日、大納言(藤原真楯)忌日事、天平神〔護脱〕二―三月十二日薨、諱真楯、一云、十二月丁卯云々、誤歟、

(31ウ)

中午日、石清水臨時祭事、先二日有試樂、13前卅日調樂云々、

天慶御代、始以允明(小書カ)14源氏為使、即亡仍停、安和又立、以諸國令供給事、煩尤多、仍後付内藏寮・穀倉院、今惣付穀倉院、始自調樂至祭日、及宮寺事、令奉仕之、若有三年〔午〕者、用中午、有二年〔午〕、用後午者、天延之制也

此月、法華寺花嚴會、且ク勘付、光明皇后所初給云〻、

云〻、若又當國忌、用下午欤、若用上午欤、
十四日、東大寺華嚴會事、雅樂、」

(32オ)

十五日、西大寺成道會事、雅樂、
同日、清水寺長講事、法華經、明經道所行、
十七日、國寺〔忌〕事、桓武天皇、柏原、延暦天子、
同日、延暦寺年分度者事、太政官、十五日集會、十六日試、
延暦廿五年正月廿六日符云、應分定年料度15〔者脱〕數并学業事云〻、天台業二人、
一人讀大毗盧舍那經、一人摩訶止觀矣、右大臣〔神王〕宣偁、奉勅云〻、
弘仁十四年二月廿七日符、寂澄表云、天台法花宗年分度者二人、於比叡
山毎年春三月、先帝〔桓武天皇〕國忌日、得度受戒、一十二年不聽出山云〻、副別上16〔式脱〕
奏云〻、右大臣〔藤原冬嗣〕奉勅、宜依来表者、今案式意、先申別當、聽彼處分、試
訖、亦申別當、之〔〻〻〕執奏、仍國忌日便令得」度、不可經治部・僧綱云〻、於

(32ウ)

彼寺得度已了、別當申官、勘籍并与度縁、然後下治部云〻、

貞觀十一年四月[17]十七日符云、准舊例令受戒事、右得延暦寺牒偁、案弘仁
十四年二月廿七日格偁、寂澄表偁云〻者、今准格文、年分云〻長例之事
也、亦聲聞僧[18]廻心受大戒、同載別式、立為恒例、是以僧并沙弥、應受戒
状申官、即被裁下、以令受戒、而頃年寺家、更申宣旨、事既重疊、物煩
相荐、望請、自今以後、准舊例令受戒、但進解文二紙、一帋留官、一紙
下寺、以為長例、中納言[19]基〔經脱〕(藤原)宣、依請、
又同十六年四月十五日符云、應令廻心受戒僧進印驗預戒事、」(33オ)右得延暦寺
牒偁、案祖師贈法印寂澄弘仁十年奏、同十四年二月廿七日官牒偁云〻、
今檢案内云〻、在京者待本印文并僧綱押署、外國者責講讀師𡈽及國司、
[20]明牒戒状言上、而後登壇云〻、
又仁和三年三月十四日符、應加試年分度者二人事、一人為大比叡明神
分、[21]大毗盧〔遮脱〕那〔經脱〕業、一人為小比叡明神分、一字頂輪王經業、右座主圓珎表
云〻、以三月十七日、与元初二人、同共試度、自余事条、准延暦・弘仁

格、又受誡之後、毎日讀金剛般若各一巻、誓願兩山、奉護一天、十二年未恒奏巻數云〻、（藤原）山陰宣、奉勅、宜依来表、准延暦廿五年正月廿五[22]〔六〕日格、永行之、」

(33ウ)

廿日以前、式部成郡司奏案事、

式云、叙位[23]〔任〕郡司、對試才能、計會功過、訖三月廿日以前、輔若丞自成奏案、令史生寫、四月廿日以前云〻、

又云、叙位[24]〔任〕主政帳、卅日以前、比校對試、亦同上例、

廿一日、國忌事、東寺、仁明天皇、深草天皇也、又承和天王、

同日、金剛峯寺年分度者事、

仁壽三年四月、小僧都真済表云〻、[25]（権中納言）（藤原）右大臣良相宣、奉勅云〻、於東寺二月以前試畢、改先宣[26]〔定〕日、國忌三月廿一日、於金剛峯[27]〔寺脱〕度云〻、元者九月廿四日也、受戒之後住六年、後出山云〻、見四月三日、

下旬、昌蒲供生衣申事、内藥、」

（34オ）

下旬、壊収樺井假橋事、雑式、山城國泉河樺井渡瀬者云々、事見九月上旬、

受戒竏事、玄蕃、

廿三日、薬師寺万燈會事、寺僧律師慧達所初云々、生時自行、死時付大泉28〔衆〕云々、亥〔死〕時29〔寺〕葬去西、行此會之時、彼塚有光云々、

同日、延暦寺西塔院試年分度者事、

（34ウ）

民部式云、西塔院試年分度者、證師并使、従三月廿三日迄廿五日、合三个日竏云々、割近江30竏〔年 斫〕年進官、内官長主當送彼寺、

貞觀元年八月廿八日符、試度延暦寺年31分者二人、一人賀茂、大安樂經、一人春日、維摩經、並加法華・金光明經、十禪師恵高32〔亮〕表、以去嘉禅33〔祥〕三年、階〔陛〕(清和天皇)下御東宮之日、上啓、毎降誕日、臨時得度云々、願毎歳三月下旬、34於花〔比〕叡」山西塔寶幢院、將試度之、十二丨〔年〕不出山門、利益名神、奉護聖將35〔朝〕、恵高〔亮〕彳師資相承、修此仏業、但件人彳得業以後、僧中諸事、准天台・真言彳宗、一同用之云々、

仁和三年三月廿一日符、令寶幢院別當、定行試西塔院年分度者雑事、

今月、鎮花祭事、神祇官、二座、狭井社一座、付祝寮、39〔祭〕大神社一座、

神祇令云、季春、鎮花祭、36〔謂〕神、大神・狭井二祭也、37花飛散之時、38〔疫〕度

神分散而行癘、為其鎮遏、始有此祭、故曰鎮花、

（35オ）

義倉事、京職式、義倉用途帳、毎年三月進之、

民部、〔式脱〕京職正親・〔税〕[40]義倉穀者、省与二寮共知勘納、〔税〕正親主税、義倉主計、義倉用途帳、京職毎年三月進官、即經省下寮、」

又云、穀倉院所納穀者、載京職税帳申之、其匙二枚省收〔掌〕[41]常、糒庫匙亦同、

晦日、所司進夏御座𠦄事、

蔵人式云、掃部寮進夏御座并所疊、内蔵寮進殿上男女房疊、色目見所例、

夏

金谷園記云、夏者假也、寛假万物、使其長也、纂要、夏朱明、氣赤而光明、

夏初、毎寺仁王講事、

貞格云、為年穀、少僧都明福表、承和三年云〻、夏初一日、二時云〻、下知京畿有、〔食諸寺脱〕[1]選請智行者、將講件經云〻、又見秋初部、」

（35ウ）

四月

天台舎利會事、（慈覚〔円仁〕大師始行、貞観三年始行、捴持院、日無定日、用山花盛時、）

朔日朝、供夏御装束事、

蔵人式云、蔵人令所雜色等、相共拂拭御厨子所并雜御物、掃司女孺參上、撤冬御帳帷・壁代等、奉供夏御装束、又仰所畏御裘、并凉御弓矢云々、

同日、着朝座事、

自是日迄八月、毎日〔月カ〕[2]着、若天子御朝堂之時、奏告朔、件儀見内裏式、但寛平以後不被行、若無朝座者、於官廳行政、九厥田〔四〕孟朔日結政在官、但除正月一日、」(36オ)

儀制令云、九文武官初位以上、毎朔日朝、各注當司前月公文、五位以上、送着朝庭案上、即大納言進奏、若逢雨失容、及泥潦並停、（弁官取公文、惣納中務省、）式云、諸司大〔夫〕[3]天進置函於案上、奏畢復本列、訖侍従令舎人喚内記、（預候龍尾道階下、）内記二人稱唯、昇東西階就版立、侍従宣云々、昇案退降東階、出蒼龍掖〔楼脱〕[4]門、公文送中〔物脱〕[5]務云々、

天武天皇十二年十二月、詔、諸文武官人及畿内有位人ホ、四孟月必朝參、大寶二―九月、勅、諸司告朔文者、主典已上送弁官、〻惣納中務省、官曹事類云、和銅七年十一月一日、制、告朔之日、五位以上陪從御前、宜入朝參、自餘之徒、勿入參例、」

(36ウ)

承和元―四月、〔辛脱〕巳朔6、天皇御大極殿、聽告朔、

諸大寺僧尼讀大般若經事、玄蕃式云、東大・興福・元興・大安・藥師・西大・法隆・新藥師・招提・元興〔本脱カ〕・弘福・四天王・崇福・東西・法華・梵釋ホ諸大寺僧尼、毎年自四月一日、迄八月卅日、食時便於食堂、各讀大般若一巻、

同日、旬事、天慶二年九月晦日、依内裏仰、太閤〔藤原忠平〕下所被作奉式〔文〕又云〻、

褁裟御衣・御弓事、給左右近陣、見承和例、

同日、定應向廣瀬・龍田祭五位事、式部點定進官、外記不知、七月准此、

延式部式、大忌・風神二祭使、王臣五位王二人、若王五位不足者、聽差王四位、但名簿、四・七兩月朔日點定、申送弁官、又云、使上日五个日給之云〻、」

（37オ）

續麻宮人間食事、

掃部寮式云、宮人日續麻八兩、右依前件、其縫席端并續麻宮人者、内侍充之、造作之間、並給間食云〻、四月一日申省受之、又日白米八合、塩八才〔撮カ〕[7]、滓醬一合、

供氷事、主水司式曰、起四月一日、盡九月卅日、供御、

中宮・東宮、自五月至八月、斎内親王・妃・夫〔人脱〕[8]・尚侍又同、但具式、雑給、赴〔起〕[9]五月五日、盡八月卅日、侍従斨又云〻、又有儲水〔氷〕[10]、

田租帳事、民部式、雑公文結解者云〻、田租帳明年四月一日云〻、二寮並申送省、即同月上旬申官、

進御扇事、近衛・兵衛、起今日上番、盡九月下番、

張御扇事、見承和例、藏人式御短尺云、注刀〔瓜刀カ〕依者、可載諸衛府云〻、

（37ウ）

此日、太皇太后王氏〔班子女王〕崩、諱班子、号東院大后、寛平天皇母也、然而不置國忌、随無廢務、

上卯日、宗像社祭事、

同日、大神祭事、若有三卯、用中卯、丑日使立、近衛府使也、但冬無近衛使、

馬式云、夏祭[11]馬〔走脱〕十二疋、二匹儲新、使允一人、率馬醫・馬部ホ云々、
中宮式云、使進[12]、冬属・史生各一人、
同日、縫殿寮御匣殿・縫殿・[13]若〔著〕酒ホ神祭事、
上巳日、山科神祭事、馬式云、夏冬祭走馬十疋、使属一人、率馬醫・騎士・馬部ホ、當日使立、
依寛平十年三月七日宣旨、春秋祭祀、依延喜十一年正月六日符、付官帳、
内蔵少允[14]官〔宮〕道良連ホ解、
上申日、平野祭事、四座、今木神・久度神・古關神・相殿比賣神、上卿・弁・史ホ行事、神祇官、弁・外記行事、延喜十八年宣云々、」(38オ)
内侍・蔵人ホ參向、遣近衛將監一人、令取見參、是蔵人ホ所承行也、四月祭左、冬右、但將監散盡、臨時蒙處分、
延暦年中起件社、見延喜格、官式、或太子親進奉幣云々、
式云、所司設皇太子輕幄、大丞以下各就座云々、治部調哥吹、次大蔵賜鬘木綿、次神主中臣宣祝訖、哥舞、先山人、次神官一人、次神主中臣・侍従・内舎人・大舎人、群官酒食、各[15]者〔去〕、各[16]給祿、

中宮式云、上申日、十一月准此、其使進・史生・舍人各一人、
馬式云、夏冬祭櫪飼馬四疋、二赤、二白、毎祭官人一人、率馬醫供奉、了還寮、
治部式云、丞・錄各一人、率雅樂允・屬各一人、哥人・哥女才供奉、」
内膳式云、雜菜三石、[17]色目〔見脱〕大膳式、
又寛和以後、以殿上五位為使、近衛為舞人・陪從、奉幣帛・走馬、弁・
史各一人、白〔向〕社頭行事、

(38ウ)

小祀

同日、松尾祭事、弁・史各一人、向社頭行事、
同日、社〔杜〕本祭事、午日使立、河内國、馬式云、夏冬走馬十疋、使屬一人云々、
同日、當麻祭事、午日使立、大和國、
上酉日、當宗祭事、午日使立、馬式云、夏冬走馬十疋、使屬一人云々、
仁和五年四月七日戊辰始立ゝ〔之〕、
酉日、梅宮祭事、」

(39オ)

元慶三年四月、始停此祭云、仁明天皇母、文德天皇祖母、太后〔橘嘉智子〕橘氏之神

也、歴承和・仁壽二代、以為官祠、今永停廢、光孝天皇元慶八年四月丁酉、又始祭如舊云々、寛平又止云々、永延以後祭云々、十一月同、上卿以下參社頭、

二日、内侍司移宮人夏時服文事、中務申、

省式云、件時服、夏四月二日、冬十月二日、内侍具錄人物移省、々遣〔造〕[18]解申〔文カ〕、十日申官、々符下大蔵、即内侍司班、事見十日〔月〕、

三日、國忌、東寺、贈皇太后藤原氏、諱懐子、寛和天皇〔花山天皇〕母后也、寛和豊〔置〕之、停六月晦贈皇太后胤子〔藤原〕國忌、長和年中除之、

三日、延暦寺年分得度四人事、嘉祥三年符、円仁表、請年分度者二人云々、右大臣〔藤原良房〕宣、奉勅云、毎年四月三日、並令得度、自余事条、一同前度例云々、」

三日、神護寺真言宗年分得度事、二月以前試了、此日於此寺、得度受戒後、各住兩寺、六年後聽出山、又見九月廿四日・三月廿一日、

(39ウ)

同日、擬階文進事、承和七年四月日記、

同日、左右衛門府壊堋事、藏人式云、仍可聞[19]〔開〕永安門之由、召仰右近陣、

四日、廣瀬・龍田祭事、廢務、七月又同、神祇官・太政官・式部省、[20]〔王脱〕臣五位已上各一人、神官六位以下官人各一人、充使、[21]〔卜〕下部各一人、神部各二人相随、[22]〔司〕國使次

小祀、大忌一座、風神二座、

使事、見一日事、

官以上一人、専當其事、

神祇令云、孟夏云〻、大忌祭、謂、廣瀬・龍田二祭也、令山谷水變成甘水、浸潤草[23]〔苗〕稼、得其令[24]〔全〕稔、故有此祭也、風《カセ》神祭、謂、亦廣瀬・龍田二祭也、欲令弥風至、次稼穡滋登、故有此祭云〻、」

(40オ)

五日、中務省妃・夫人・嬪[25]〔女脱〕・御夏時服文事、省式云、今日、内侍具錄人物移省、〻造解由[26]〔申〕官、

式部請印様位記事、[27]外記廳〔例脱〕云、其号准蔭位記、兵部[28]〔不〕所請印、不[29]領〔須カ〕五位已上子孫故也、然式文不見此事、

但見元慶五年四月五日、獨申官、不被引弁官、多少随来捺印、四世以下王、五[30]位以上〔子脱カ〕、四位以上孫寸、准蔭叙之、

今案、可同成選位記請印儀云〻、

官式云、二省請印准蔭・成選寸位記、先令印[31]蔭〔廿張〕已下、後更定日、参議於弁官結政所捺[32]印了、所須丹膠寸物、預先請受、

(40ウ)

寛平六年十二月十七日宣旨、廳事之政、已有剋限、而二省」請印准蔭・成選并臨時位記寸、或四十枚以上、或二百以下、論之政途、既違式文、自余〔爾〕以後、一度廿枚請印云〻、大外記和氣宇〔宗〕世作、大中臣宣不、緣部有仰奉、

式部式云、准蔭・成選并臨時位記朩、一度以廿枚已下、為請[33]之限、

六・七日、大安寺大般若會事、玄蕃、雅樂、率樂人向、

昔上宮太子熊凝村造寺未了、後舒明天皇御時、百済河邊移立熊凝寺曰、百済大寺造寺司伐神社木、用之神怒焼寺、皇極天皇時營造之、天智天皇造丈六尺迦云ゝ、天武天皇移造高市地、改名大臣〔官〕大寺、元明天皇和銅三年、移作奈良京、」聖武天皇天平元年、改作此寺、道慈律師云、此寺始焼事、依高市郡司〔子〕[34]部明神社樹也、此神雷神也、怒心出炎也、其後九代傳作、數移所ゝ、多世貴令悦神心、令守火不如法力、仍書寫大般若經、始行此會也云ゝ、

(41オ)

七日、奏二省成選短冊事、官式云、二省進成選擬階短冊者、各預造簿、三月内入外記、物造奏文、請參議以上署、四月七日、大臣以下共率奏聞、事見儀式、

謂之擬階奏、

藏人式云、若不御南殿時、上卿參射場邊、令目錄〔奏脱カ〕還去云ゝ、

廳例、若止南方儀式、上召二省輔、仰云、短尺者司尓持退、[35]〔依脱カ〕例行之、件事見日記、貞信公(藤原忠平)、司字不善云ゝ、」

（41ウ）
八日、諸寺樂事、東西二寺・大安・西大・法華・秋篠小〔朩〕寺、七月十五日又同、
雅樂式云、四月八日・七月十五日齋會、分充伎樂人於西東二寺、並寮官人〔諧〕[36]諸寺檢校、前會三日、官人・史生各一人、就樂戸郷簡充、在大和國城下郡社屋村、大安・西大・法華・秋篠朩寺、亦同充之、
同日、弾正檢察東西寺事、七月十五日亦同、
同日、灌佛事、若遇神事止云〻、件日儀、至于布施法、在葉子、
兼和七年四月八日、請律師静安於請〔清〕涼殿、始行云〻、
同日、下野國藥師寺斎會事、民部式、
（42オ）
十日、中務省申給後宮并女官夏時服文事、今不申、
祿令云、凢官〔宮〕[37]人給祿者、尚蔵在正三位云〻、又云、凢嬪以上、並依品位、給封祿、其春夏給号祿云〻、
弘仁中務式、妃・夫人・嬪・女御・更衣云〻、前件時服、夏四月五日、冬十月五日、内侍具祿〔錄〕[38]移省、〻造解文申官、宮人時服、内侍司云〻、前

件時服、夏四月二日、冬[39]十月二日、内侍具錄移省、〻造解文、十日申官、〻符下大藏省、内侍司請、依件班之、

延喜官式云、後宮并女官時服、及餝物料者、夏四月十日、冬十月十日、中務申官、廿日官符下大藏、廿二日出給、

同日、馬寮苅草丁事、民部、」

(42ウ)

十一日、馬寮始飼青草事、馬寮式云、細馬十疋、中馬五十疋、下馬廿疋、牛五頭、毎年四月十一日始飼青草、其飼丁馬別一人、以赤土〔衛士〕[40]充、但苅青草丁惣七十八人、並充仕丁、其飼秣者云〻、夏細馬米二升、中馬一升、下馬及牙〔牛〕[41]不記〔須〕、

同日、春宮坊申請騎射節主殿署今良當色料事、

式云、調布一端、布四段〔端〕[42]二丈、解文申弁官、

同〔日脱〕、式部請印成選位記事、式部・太政官、[43]不被官引、

(43オ)

外記廳例云、二省請印成選・〔恩脱カ〕[44]階・准蔭及誤失才位記者、先踏本様廿枚以下、而後更定日申大臣、遣參議一人」人〔衍〕[45]於弁官結政、捺畢、

檢廳例、四月五日式部請印様位記、其号准蔭位記云〻、又八月五日式部

請印准蔭并誤位記、又注兵部有〔不〕請印云ゝ、但此請印成選位記事末所注、不可然歟、然則件注、可注五日歟、

十二日、内馬場造垺〔埒〕事、左衛門式、右可准此歟、若節止、下宣旨所司、外記奉、衛門式云、垺〔埒〕析椙二百卌荷、葛廿荷、自四月十二日始掃除并造垺〔埒〕之、其用度并充府物、

十三日、兵部成選位記請印事、兵部省例、

同日、崇福寺悔過事、玄蕃、三日云ゝ、」

(43ウ)

同日、粽析糯米事、内膳司式云、従三月十日、迄五月卅日供云ゝ、

十四日、神衣祭事、謂、伊勢神宮祭、令文也、

神宮式云、和妙衣者服部氏、荒妙衣者麻續氏、始従祭月一日織造、至十四日供祭云ゝ、是日笠縫内[46]〔人〕文才供進蓑笠云ゝ、九月同之、凢預前一月晦日祓除、九月准之、

神今〔令〕云、神衣祭、謂、伊勢神宮祭也、此神服部才、齋[47]〔戒〕式潔清、以參河赤引神調絲、織作神衣、又麻續連才、續麻以織敷和衣、[48]〔供脱〕以神明、故神衣也、謂之、

当鴨祭、〔十〕于七日行之、

（44オ）

法花寺准七大寺、宣旨云々、

又新薬師寺准之、

（44ウ）

十五日、授成選位記事、謂之位記召給、廳例云、若當鴨祭、十七日行之、立床子、掃部、

官式云、大臣已下就朝座云々、於曹司廳行之亦同、若當賀茂祭、改〔用〕49同他日云々、此日詔旨、前一日内記付内侍、返給、當日早」且進大臣、

同日、延暦寺授戒事、寛平七年十月廿八日符云、十五日以前行受〔授〕50戒事云々、得寺牒、授戒事、准貞觀七年三月十五日格、四月十五日、定戒日行之云々、又當寺臨時度者与〔度脱〕51年分者、同日令受戒、並十六日結夏安居、鎮護國家、寺預言上可授戒之状於官、左大弁申一上、謂之戒状、

同日、諸國々分寺安居事、玄蕃式、安居、講説寂勝、尼會〔同〕52用寺、延喜格云、依格、大和國講師於〔法脱〕53華寺安居講法華經事、彼寺牒云々、准諸國例、國使・講師演説件經云々、昌泰三ー十二月符、

弘仁格、十五大寺安居講仁王經事、國分副寂勝王經、令天下安和、朝廷無事、諸國分准此、延暦廿五年四月符也、」

同日、十五大寺安居事、玄蕃式、〔盡脱カ〕54七月十五日、東大《七》・法華寺、寂勝・仁王各一部、理趣・會〔金〕55剛般若各一巻、興福《七》・元興《七》・大安《七》・薬師《七》・西大《七》・法隆《七》・新薬師・本元興・招提・西寺・四天王・崇福十二寺、法華・寂勝・仁王經各一部、弘福、法華・寂勝・維摩・仁王經各一部、東寺、法華・寂勝・仁王・守護國界主各一部、法用以上、僧綱簡點、但講師、寮允以上簡定、普請諸宗、三月下旬牒送、省申官、四月上旬請云々、

招提講師、以當寺浄行僧、次第請云々、弘格、十五大寺安居講仁王經事、

國分副寂勝經云〻、見國分事、

延格、諸大寺安居講師者必講法華・寂勝・仁王三部經事云〻、宜[56]依〔仰〕諸大寺、不廢各寺本願經、必加講前件三部、聖法弥興隆、天下弥安泰云〻、
[57]〔元〕天慶元ー五月符、」

承和元ー符云、維摩會立義得第僧才依舊請諸寺安居講師事、

貞觀十年符云、寂勝會立義得弟〔第〕僧才請用諸寺安居講師事、[58]新藥師・招提・〔法華脫カ〕弘福・本元興・崇福・西寺・海龍王・龍蓋、件兩度符、載貞觀格也、元慶・延喜才符、後出加云〻、依延喜式云〻、可尋之、

(45オ)

中午日、賀茂齋内親王禊事、輕服人參入内裏、有未日例、延喜十九・天暦三、兼平七・天慶九、

前十日、大臣差前駈次第使才、奏聞、近代例、不差自志轉任之者、着左仗仰外記、令進舊差文・補任帳并續紙・硯才、令參議書了、入莒下在座、付藏人奏覽、了給外記、

前二日、院[59]別當・并〔弁〕率陰陽寮及供奉諸司才、[60]對〔到カ〕河邊點定其地、付藏人奏別當・上卿預与解行事、

云々、
當日早旦、召公御家〔卿〕及山城・近江才國牛、給彼院、（先是被召仰件牛、但山城・近江給所牒、登61〔祭〕日同用云々、）」(45ウ)
又御覧蔵人所陪従并其馬之後、遣彼院、祭日又如之、
宮内式云、丞・祿62〔録〕・史生・省掌各一人、率供奉諸司、參祓所、
次未日、御覧女騎斯馬63〔御馬〕御事、（蔵人式云、若御物忌、蔵人頭奉仰、於便所點定、是日頒行唐鞍・祀物事才、色目見所例也、）
蔵人式云、頒行祭日内侍以下唐鞍才云々、
先祭一日、警固事、（祭使雖止、猶有警固、或未日、或申日、）
中申日、賀茂祭事、（和銅四年四月廿日、詔云、賀茂神祭日、自今以後、國司檢察、常為年事、）
次酉日、同祭事、（使立、廢務、）」(46オ)
早旦、内記書宣命、付内侍奏覧了、令給内蔵寮使、巳一剋、使才附内侍、
令奏罷向祭所由、即給例祿、
内記式云、祭日宣命、前一日書、付内侍奉69〔奏〕云々、
馬式云、走馬十二疋、（松尾二疋、在此内、）使五位已上官一人云々、皇后宮走馬二疋、

中〔務〕官式、使命婦二人、女孺二人裝束料、
齋院式云、參上下兩社祭日、入夜山城借64〔儲〕松明云々、
祀承、名簿普65〔前日〕進官、
中宮式云、四月中酉日、奉賀茂上下・松尾三社幣、其使者、五位已上官一人、（若大夫端66〔帶〕參議不須之、）史生一人、（已上各67〔啓〕名簿、）舍人68四人、仕丁六人云々、

使官率史生ホ、令持幣帛、入自玄輝門、安右[70]〔左カ〕腋迸門案上、史生・舎人惣八人、共挙幣帛案進、使官相副扶云〻、付蔵人候常寧殿東、次宮主使奉〔衍カ〕御麻、解除畢退出、即蔵人持案授、使者受取罷出、更於廳前寅[71]〔宮主〕解除、了使官已下向内蔵寮就迸、松尾祢宜・祝候内蔵寮、史生一人、舎人一人、各捧幣帛、進授祢宜ホ、即寮給饌、了各達前所、装束粁、上下社物忌粁、史生粁、舎人粁、持幣仕[72]〔丁〕人六人粁、請大蔵・内蔵ホ、但[73]騎馬人并女使粁、以綳庫物充之、

並二寮逓供奉、餘祭准此、

戌日、解陣事、

（46ウ）

十六日、三省進春季帳事、但民部省進鐍符、

式部省式云、四季徴免課役帳者、四孟十六日、申左右弁官、

延兵式云、四季徴免課役帳者、丞・録各一人、勾當勘造三通、孟月十六日、一通進太政官、二通進右弁官、若有失錯、准法坐勾當之官、

同日、延暦寺授戒事、

中旬、定五月節権官事、承和十四年定、

十七日、贈太政大臣〔藤原房前〕忌、天平九年薨、諱房前、

廿日以前、奏郡司擬文事、申上、〔卿脱カ〕定吉日、仰式部云〻、

式部式云、九郡司有闕、國司銓擬歴名、附朝集使申上、其身正月内集省、

（47オ）

若二月以後參者、随返却、厥後擬文者、四月」廿日以前奏〔聞脱〕[74]、但陸奥・出羽及大宰管内唯進歴名、若以白丁鈴〔銓〕[75]擬、副勘籍〔簿脱〕[76]、其病患・年老及致仕者、

國司解却、具状申送〔官カ〕[77]、〔更脱カ〕[78]不責手實、

又云、廿日以前、令外記申可奏之状於大臣云〻、

廳例云、申上卿、定吉日、仰式部、謂之讀奏、

藏人式云、若不御南殿時、上卿參射場邊、令奏擬文還去、入件文莒蓋候、明後日、随彼省請給之〻〔云々カ〕、

良久上卿重參令奏、點定擬文、御覧之後返給、

同日、進五月五日走馬不堪状事、太政官、外記廳例云、若有障、由、五月一日以後、一切不用、

（47ウ）

官式云、五位已上不堪走馬〔進脱〕、四月廿〔卅〕[79]日以前申送其状、已進」不堪状之後、若當日若前日進馬之輩、並為負馬、

走馬結番事、臨時定日、

下子日、吉田祭事、永延元年始、元者山陰〔藤原〕中納言一家所祭、十一月申日祭、

今月、有度〻御馬馳事、

廿八日、駒引事、小月用廿七日、或延引、五月三日、稱小五月、而延喜十七年、有定停止、今則不行、

近衛式云、此日騎射的、當府儛云々、騎射官人・兵衛惣〔十〕80六人、

廿九日、國忌事、西寺、皇后諱安子、（藤原）安和・天祿二帝母后、（冷泉）（円融）

調物期事、民部式云、凡諸國貢調庸者、長門國限四月云々、

今月、雜祭事、

神衣祭、注十四日、三枝祭三座、率川社、付祝ホ令供祭、神令云、謂、率（衍）率川祭也、以三枝花、餝酒〔罇〕81揖祭、故曰三枝也、」

（48オ）

四面御門祭、御川水祭、〔四面脱〕82祭御門巫、御川水祭座摩巫、各行事、

霹靂神祭三座、坐山城國愛宕郡神樂岡西北、神官預前祭申弁官請儛、令卜部吉日祭之、十一月亦同、

卅日、諸國舂米事、

民部式云、舂米運京、尾張・參河・美濃・若狹・越前・加賀・丹後、四月卅日以前、並送納訖、若有未進、〔准數〕83殿奪專當郡司職田直、若不足者、亦没國司公廨、

金谷園記云、五月者荒種之氣節也、言時可以種、有荒之穀也、
月令曰、仲夏之月、日在東井、昏亢中、旦危中、中夏者、日月會於鶉首、而斗達〔建〕1午之辰也、律中蕤賓、ゝゝ者、應鍾之所生也、高誘曰、是月陰氣共女〔萎〕2、蕤在下、象主人、陽氣在上、象賓客、
右〔左〕3三・五日、右四・六日、近衛・兵衛府手結之事、可注、

（48ウ）

五月、大宰府・出羽ホ税帳進官云、
一日、陰陽寮申省請造曆雜物事、函机韓櫃ホ、収寮庫、若破損、申省修造、
寮式云、造曆用度者云ゝ、並勘錄、五月一日〔申脱〕4省請受之、
同日、齋宮并妃・夫人氷事、主水司、
二日、小五月事、本云、
三日、六衛府獻昌蒲并花ホ事、於紫宸殿前獻之、内侍執奏文奏之、返給、内藏官人撤之、盛瓫居臺之、
近衛式云、五日藥玉料、昌蒲艾惣盛一輿、雜花十捧、三日平旦、申内侍司、列南殿前、諸府准此、
四日、奏走馬結番并毛色事、一本云、弘仁兵部式云、卿賫奏文入、付内侍令進、若卿不在者、輔代、
同日、入道右大臣（藤原師輔）忌日事、天德四年薨、
同夜、主殿寮内裏殿舎葺昌蒲、不見式、
五日以前、牽進國飼御馬事、寮式、毎年預前節、差專當國司牽進、
左、山城、六、近江、十、美濃、廿〔十〕5、丹波、五、
右、大和、五、河内、六、摂津、十、伊勢、十、

（49オ）

内蔵寮

風俗通云、五月五日、以五綵絲繫臂者、辟兵及鬼、令人不病温、

五日、供諸寺昌蒲佩事、東西・梵釋・崇福・常住・東名・出雲・聖神、法觀・廣隆・東藥・弥皇・佐比・嘉祥・寶皇、

寮式云、粁物送糸所造酒〔倫〕6、但件昌蒲佩7、供御并人給粁外十五条、内竪為使供諸寺、納折櫃各一合、

同日早朝、書司供昌蒲事、二瓶、居机二脚、立孫庇南第四間、

同日、糸所獻藥玉事、二流、蔵人〔取〕8記之、結附晝御座間母屋南北柱、撤9〔朱蕷カ〕〃〃萸囊、改付之、

同日、典藥寮供昌蒲事、高机四脚、若無節會之時所供也、二脚供御粁、立明義門前廊、二脚人給粁、立下侍西邊、内蔵寮撤之、」

寮式云、10〔省〕小輔已下、寮頭已下、共執入進、訖即退出、輔留奏之、11〔詞〕同見省式、中宮・東宮黒木案各二脚、一、供御、一、人給、黒木案四脚、〔二〕一脚供御、二脚人給、並寮〔儲カ〕餘也、

(49ウ)

省式云、宮内省申12〔久〕天、典藥寮乃進五月五日乃昌蒲、又人給乃昌蒲〔進脱〕止申、

同日、同寮進東宮昌蒲事、見宮式、

同日、内膳司供早瓜事、〔即〕艮差内竪、奉常住寺、司式云、五日、山科13〔園〕國進早瓜一捧、若不實者、獻花根云〻、

同日、内匠寮進瓜刀事、見延喜例、承和例、廿柄、六月一日進、式云、五月一日・七月一日進、

同日、内蔵寮辧倫節會事、一同三月、

木工式云、一[14]〔尺〕人五寸的三百卌四枚、四衛府騎射料、内匠寮[15]〔預〕頭前来畫、即付諸府、

（50オ）

同日、観騎射事、於武徳殿有此儀、兵衛延式云、騎射官人二人、兵衛十人、近衛府式云、的百卌六枚、受木工寮云々、」

前十餘日、奏差定奏名奏毛文事、大臣差四位・五位各一人奏之、又給可供奉女蔵人装束事、尋常女蔵人ホ、今中宮・東宮・女御ホ加進女蔵人、同給装束、

先三・四日、分給武徳殿前幕所事、遣装束使分[16]〔給〕行之、

先一日、奏毛付事、兵部附内侍令奏、弘兵式云、卿賷奏文、入付内侍進、若卿不在者、輔代云々、

進[17]馬者前[18]二日、進其毛付於省、若違期不許、但去延長五年、別有宣旨、雖違期、仰省令許之、

其走馬數、兵部式云、一品八疋、二品六疋、三品四疋、太政大臣八疋、左右大臣六疋、大納言四疋、中納言三疋、三位・四位参議二疋、一位・二位二[19]〔三〕疋、三位二疋、四位・五位一疋、又云、前十日走馬給[20]〔結〕番文、従太政官賜省、其馬毛色各令諸家申、訖造奏文、載五位已上給[21]〔結〕番并走馬毛色、」前一日、御〔卿〕賷奏又[22]〔文〕、付内侍令進、若卿不在者、輔得之、更寫毛色簿一通、進太政官、又造奏札三枚、一枚五位已上馬目録云々、

（50ウ）

又云、同日節會、23又〔文〕武群官、著昌蒲蘰〔縵〕、

高野天皇(天平)寶字二年二月、詔云、去勝寶八歳五月、先帝(聖武天皇)登遐、一准重陽、永停此節云〻、謂、先帝者聖武天皇也、

天長元年三月、詔、五月四日、皇大〔太〕后(藤原旅子)昇遐之日也、五日之節、宜従宜〔衍〕停廢、九月九日、所謂重陽、古王者、多以茲日、有観馬射、乗此郎〔良〕24節、以臨時25實〔射宮〕云〻、

當日儀、子細在別、

(51オ)

山城國供青槲事、内膳式云、山城國所進供御粁青槲、毎日一荷、五十26〔把〕、始五月五日、終十一月四日、中宮准此、

六日、競馬事、近衛式云、六日的當府備之、又云、六日騎射官人近衛惣十人、六人五寸的、四人六寸的、

十日、大蔵省進源氏衣服文事、

十一日、内匠寮奏事、作物衣、寮式云、長上・番上給作物衣者、五月十一日奏之、以調布給之、

十六日、同寮雑27〔工〕公〔第脱カ〕才奏事、式云、史生以下雑28〔工〕色已上、給才第禄、五月十六日奏、29〔以〕□庸布給之、

十八日、太政大臣清慎公(藤原実頼)忌日、

廿一日、内記夏衣服〔文脱カ〕事、進中務省、

進請解文日也、

同日、春宮坊請舎人衣服事、式云、廿一日請舎人百人衣服解文、進中務、冬十一月廿一日、

同日、左右近衛府申供奉六月神今食装束事、」(51ウ)

廿二日、漆殿大后崩、(藤原明子)東寺云々、太〔太〕皇大后諱明子、水尾(清和)天皇母、昌泰年〔三脱〕崩云々、不廢務、

廿五日、村上天皇崩、依遺詔、不置國忌、但於雲林院行之、

今月、西海道諸國正税帳事、民部式云、二月卅日以前送府、々加覆勘、五月卅日以前申官、

京中賑給事、庸米三百石、美作五十石、讃岐百五十石、土左百石、塩卅石以下、

一上所定行、若有障之時、以次人又定之、其使𣏐令參議大弁書出、若無兼之者、他參議書其定又〔文〕、大臣下在陣令奏30〔言〕、納之參御所令奏、使奏状外記申行事上卿、31丶丶(上卿)參入奏聞云々、

此月、長谷寺菩薩戒事、」(52オ)

雷鳴事、入秋節侍汰〔沙〕云々、近衛式云、大雪32〔雷〕時、陣御在所、又兵衛直參入、陣紫宸殿前、内舎人立33清涼殿西廂、

晦日、伊勢斎宮禊事、近川頭禊云々、

卅日、進京職写沽田帳事、見十二月十日以前事、

月令曰、季夏之月、日在柳、昏火中、旦奎[1]、〔中脱カ〕季夏者、日月會於鶉史〔火〕[2]、而斗遣木〔建未〕[3]之辰也、律中林鍾、氣至則林鍾之律應、
金谷園記云、六月者、
小暑之氣節也、

（52ウ）

六月

一日、二省進内外官補任帳事、丞各一人參蔵人所進之、蔵人式云、六月廿日進云々、

同日、神祇官始奉御贖事、迄八日、其儀見正月晦日、

式云、六月祭、十二月准此、御贖祭、中宮准此、日別御立〔巫〕[4]行事、東宮日限并物數並減半、」

木工式云、十一月新嘗祭、從一日迄八日御贖析、六月・十二月神今食前八个日析[5]亦同、

同日、内膳司供忌火御飯事、

清涼云、内膳司早旦御粥以前付采女供之、女房若侍臣傳供、用御大盤一脚、於大床子御座供之、若服及有月事之人不候、但禁中雖有穢猶供云々、

同日、造酒司始獻醴酒事、起今日盡七月卅日、司式云、日六升、中宮准之、

瓜刀事、先五月、

同日旬事、或給御扇、七月旬、又有此事、

[6]五日、中務省申親王并乳母夏衣服文、

」

(53オ)

同日〔一日〕、宮〔官カ〕[7]時服事、

同日、内蔵寮進御櫛事、十二月又如之、

寮式云、年中所造三百六十六枚、二百〻〔枚〕[8]御斮、百〻〔枚〕中宮斮、六十〻〔枚〕春宮斮、並六月・十二月各半分進之、神今食・新嘗祭等[9]二枚、皆用由志木、所須云〻、三月中旬申省、令工手依例造備、訖六月一日、十二月准此、先進奏状、内侍執奏、即寮官四人執案主〔立〕[10]殿庭、小退而立、于時内侍宣、持参来、官人一人稱唯、共舁案進詣階下、執莒進内侍、訖挙案退出、[11]献中宮亦准此、但六月・十二月神今食、十一月新嘗斮、各付縫殿寮、其東宮御梳、先進啓状云〻、」

(53ウ)

搗糟事、酒司式云、従六月一日、迄八月卅日云〻、子細見九月一日也、日別四升、[12]□〔行〕御厨子所、二升行進物所云〻、

同日、計帳事、京職式云、九責計帳手實者、進属各一人為別當、史生二人為預、但書生條別充二人、起六月盡九月卅日責訖、

同日、調徭銭帳事、京職、

同日、召使夏衣服見給不給下厨家事、

同日、四条太皇太后〔藤原遵子〕忌日事、寛仁元ー崩、不置國忌・山陵、

三日、奏侍臣并出納官才第文事、

天暦蔵人式云、注云、加〔相〕[13]加去月上日奏云〻、但侍臣下内蔵寮、出納下穀倉院、小舎人ホ第文、蔵人直下穀倉院、又出納・小舎人ホ夏衣服文、同直下内蔵寮、色目同見所例也、今案、色目見所例之注、不得其意、所例只注ホ第・日数并其物数ホ、至于衣服」色目不注、又延喜式亦如所例、殿上上ホ百六十、夜、〔脱アルカ〕四疋、中ホ百卌、夜八十、二疋、出納日夜如上、但上ホ、調布十四端、中ホ、十端、小舎人上ホ、五|〔端〕、中ホ、四、下ホ、三|〔端〕、

(54オ)

五日、中務省申親王并乳母夏衣服事、

延官式云、无品親王及乳母時服、同月十日官符下大蔵、十五日出給、秋冬准此、

七日、中務省奏給諸司春夏衣服目録文事、十二月同之、不被弁官行〔經カ〕、

同日、安祥寺年分度者事文事、六月參、

九日、中務省奏諸司春夏時服文事、省式云、九諸司授〔権〕[14]官衣服別録、与正官共申、

延官式云、諸司時服者、起十二月盡五月、計上日一百廿以上、及番上八」

(54ウ)

十以上、各給春夏衦、中務録人物數、六月七日申官、其官時服、當月一日録送弁官、惣造、四日下符、九日奏聞、廿日官符下大蔵、廿二日出給之、弁官行事、

〔中脱〕務式云、時服、神祇官卜部、齋宮〻[15]〔寮〕卜部、在止[16]〔此〕内、太政官、外記・史生ホ、弁官、弁以下、史生以上、中務、史生以上、侍従・次侍従、[17]内舎人、内記及史生、監物及史生、主鈴、典鎰、中宮、史生以上、舎人、大舎人寮、属以上、舎人、大歌生、在舎人内、圖書、属以上、紙墨長上ホ、内蔵寮、属以上、典履、史生、蔵部、舎人、作手、縫殿、史生以上、縫部、染手、陰陽、属、陰陽師以上、陰陽・暦・天文・漏刻ホ博士、内匠、史生以上、才長上、番上工、隼人、令史以上、隼人、大蔵、蔵部、價長、織部、令史以上、挑文師、織手、織上[18]〔工〕相作、在此内、絡絲女、宮内、

(55オ)

録以上、大膳、属一人、膳部、作器手、木工以下、師以」下、師以上、大〔少〕小工、長上、將領、工部、飛驒工、大炊、〔炊脱〕[19]部、主殿、史生以上、殿部、今良男女、典薬、乳長上、醫得業生、掃部、史生以上、掃部、作手、内膳、奉膳、典膳、令史、膳部、作器手、造酒、令史以上、酒部、采女、

（55ウ）

正、采部、主水、令史以上、水部、守御中[20]〔并〕、近衛府、丶〔〻〕生以上、醫師、番長、近衛、駕輿丁、衛門府、醫師以上、[21]部〔門〕部、衛士、兵衛、醫師以上、番長、兵衛、駕輿丁、馬寮、馬醫、史生以上、騎士、馬部、兵庫、属以上、春宮坊、学士以上、属以上、舎人監、令史以上、舎人、主膳、令史以上、主蔵監准此、主殿署、令史以上、主馬[22]〔署脱〕准此、修理職、史生、長上、將領、[23]又〔工〕部、仕丁、飛驒工、右雖有定員、待本司解、明知見定、然後給之、日數朩、見官式、秋冬准之、但木工・修理飛驒工者、春以」三月、秋以九月為限、四月・十月給之、其計夜者、侍従・次侍従、省丞・内舎人、六衛、馬寮、[24]〔各〕冬有日數、見式、自余不給[25]〔須〕計夜、其親王及參議已上者、不在給限、侍従者並依侍従給之、若帯衛府・馬寮・兵庫、宜依本司日夜、其臨時別給、皆依官符、若初任者、起自任日、至于限月、計其上日、長上不滿三分之二、番上不滿二分之一、不在給限、稱初任者、謂五月及十一月以前任者、其服色[26]丶〔者云〻〕去〻、六月・十二月一日、惣造解文、七日申太政官、九日奏聞、事見儀式、

論語、五日齋、必有明衣布也、注曰、孔安國云、以布為沐浴衣也、

（56オ）

十日、奏御體御卜事、九条殿年中行事、此日不可必有官貞[27]〔奏〕、延長五年七月、左大臣(藤原忠平)命者、邦基(藤原)卿記、

民式云、御卜間、不得不得(衍)奏授封[28]〔戸脱〕〔田〕及由云々、

神祇式云、卜御躰、辞云、保美麻、於 宮内式云、御贖[29]〔躰〕、此云、保美麻、於 御卜云々、」

宮〔官〕式云、申[30]〔中〕臣率卜部等、六月・十二月一日始齋卜之、九日卜竜[31]〔竟〕、十[32]〔日脱〕奏之、

注云、神祇官浸[33]〔侵〕土、諸司可令勘申状預申官、了〔ゝ〕召諸司仰云々、

同日、侵土移事、神祇式云、卜廷神祭二座、御卜始終日祭之、所司預申官、ゝ〔ゝ〕頒告諸司、若有侵土者、具注移送、即申[34]〔中〕臣官・宮主・卜部並給明衣、始自朔日、十日以前、卜訖奏聞、

同日、申諸司官人已下衛士已上衣服文事、

上旬、樂人配相撲司事、雅樂、

神今齋人一人文進中務省事、

（56ウ）

十一日、月次祭事、廢務、神令義解云、謂、於神祇官祭、与祈年祭問[35]〔同〕、艮[36]〔即〕如庶人宅神祭也、」

奠幣案上神三百四座、並大、所祭神、同祈年、大神宮・度會宮・高御魄[37]〔魂〕神・

大宮女神、各駕[38]〔加馬〕一疋、前祭五日、充忌部・木工、令造調度、祭畢、即中

臣率宮主・卜部等、而[39]〔向〕宮内、卜定神今食等[40]〔之小〕齊人、

同日、神今食祭事、供奉御巫ホ、六月給装束、十二月不給、

蔵人式云、早朝注殿上侍臣夾名、送神祇官令卜小忌合不、蔵人頭、弁理御髪、供御湯人ホ、不載卜列、殿司未供忌火之前、不合御卜侍臣ホ退出、

弘官式云、神今食及大嘗小忌、中納言已上一人、参議一人、散斎之日、外記録名、付神祇官令卜、」

貞式云、加親王一人、中納言已上不卜食者、定参議二人、

(57オ)

同日、中宮御神嘉殿事、見儀式、

高[41]〔亮〕若大夫以下官人各一人、史生二人、舎人十人、向宮内卜食、事見神式、神事了、廻言〔宮〕、明日辰剋、小忌官人向内[42]〔宮脱〕省[43]解斎所、了帰本司、十二月准此、

同夜暁、大殿祭事、蔵人式云、留守蔵人相副令奉仕之、

(57ウ)

神式云、中宮准此、神今食明日平旦云々、先祭御殿、忌部取玉、懸殿四角、御巫ホ散[44]米・切米綿〔木〕、中官[45]〔臣〕侍殿南、忌部向巽微聲祝詞、次湯殿、次厠殿、次[46]厨〔御脱〕子所、次紫宸殿、御」巫散米承明門、出陰明門、宮主・忌部至御炊

殿、懸木綿散米、内蔵賜祿、還至本司、引使部已上、就宮[47]〔省脱〕内解齋所、事見儀式、

宮内式云、省輔已上率諸忌部寸、至延政[48]〔門脱〕、令大舎人叫門、闈司傳宣如常、

[49]補〔輔〕入奏云ゝ、

忌火・庭火祭事、中宮准此、大殿祭了、宮主於内膳行事、

十三日、中務省申御暦并朱砂寸事、申蔵人所、朱砂六兩、麻紙六帳、綺二丈六尺、

十五日、万花會事、本元興寺、主税寮、

十六日、度會宮月次祭事、

此日、大〔太〕政大臣恒德公〔藤原為光〕忌日、

十七日、大神宮月次祭事、

(58オ)

廿日、内記夏馬新文進中務省事、

同日、二省補任帳進蔵人所事、丞進云ゝ、子細見正月一日事、

同日、中務省進女官補任帳事、進蔵人所、

同日、諸國秩滿帳事、

廿一日、頒暦本進寮事、陰陽寮式、頒暦一百六十二巻云々、非謂本數、

廿五、〔日脱〕任相撲司事、節前八[50]〔一カ〕月任之、其儀一如任官、正月儀、但小〔少〕納言・弁不与焉、

今定七月十日、

相撲人入京期事、元慶八年官符、

廿八日、大祓横刀事、兵庫式云、二季大祓横刀八口金装二口、烏装二〔六〕口、云々、請靳造備、六月・十二月廿八日、送神祇」

（58ウ）

晦日、國忌事、東寺、若有閏月云々、贈皇后、沸〔諱〕澤子、（藤原）仁和帝母、今停了、天暦停云々、

同日、國忌事、東寺、贈皇太后、諱胤子、（藤原）延喜帝母、今停了、寛和停云々、

卅日以前、補任郡司事、式部式云、補任郡司者、六月卅日以前為限云々、謂之郡司召、

式云、御定訖、即勘籍書位記、申太政官請印、専當丞自書除目、録抄[51]暦〔歴〕名、六月卅日以前、申太政官補任云々、

外記申一上定[52]目〔日〕、御〔仰カ〕所司、此日詔旨、前一日、内記付内侍、執奏即返給、

當日早旦進大臣云々、

（59オ）

官式云、[53]鈴〔銓〕擬言上郡司大少領者、式部對試造簿、先申大臣、即奏聞、訖式部書位記請印、其後於太政官、式部先授位記、」[54]之〔衍カ〕次□〔唱〕任人名、如除目

儀、事見儀式、成選叙位式云、弁大夫宣命、任郡司亦同、叙人稱唯、拜舞、任郡司亦同云〻、
外記廳例云、臨時定日、仰式部大丞以下、右曹司廳任之、内記先進宣命
文退出、次外記進式并召名、先是、式部丞立北屏下、以召名授外記、但
外記進式還時、大臣取宣命文給外記、持出授宣命[55]并〔弁〕大夫、

晦日、大祓事、

式云、申時以前、親王以下百官、[56]會集朱雀門下〔衍カ〕、卜部〔讀脱〕祝詞、見儀式、
式部式云、百官男女會集云〻、十二月同之、
貞式部式云、大臣以下五位已上、就朱雀門云〻、」

(59ウ)

同日、東西文部奉祓〔刀脱〕事、
同日、縫殿寮奉荒世・和世御服事、
同日、神祇官奉荒世・和世御贖事、中宮・東宮又同、内裏式雖載南殿儀、近代於御所行、[57]以上三事在同儀中、供奉者節折藏人・縫殿司祭主・宮主・東西文部才也、
神式云、六月・十二月晦日贖粁小竹者、月廿五日以前申弁官、令山城國

採進、
中宮式云、昏時、神官率卜部等、候西廊殿南、58高〔亮〕若進一人立東礩下、對
内侍密啓曰、御麻又御贖進牟止、神官姓名候止、〔申脱〕内」侍啓之、59奉令召〔令脱〕、事見神式、
東宮式云、進以上進立庭中啓云々、如中宮、事了給祿、十二月准之云々、

(60オ)

施米事、
鎮火祭事、於宮城四隅祭、神祇令解〔義脱〕云、謂、在宮城四方外角、卜部等鑽火而祭、為防火災、故曰鎮火、
道饗祭事、於京城四隅祭、神令解義〔義解〕云、隅〔謂〕、卜部等於京城四隅道上而祭之、言欲令60鬼神魅自外来者、不敢入京師、故預迎61於路而饗遏之也、
曝樂具事、雅樂式云、毎年六月、62瀑〔曝〕涼林色〔邑〕并雜樂具、寮預申省、々申官、令監物就檢、省丞・錄各一人、相共63檢〔校〕授、凡樂器并裝束等物、有破損、申省、々申官、
衛士・仕丁給布事、民部、」

(60ウ)

未進調物事、民部式云、長門、伊与宇和・喜多、明年六月卅日以前、越後・佐渡・隠岐等國、十二月廿64日〔卅〕進訖云々、
舂米事、民部式云、諸國舂米65□〔運〕京者、但馬・因幡・美作・備前・讃岐、六月廿66日〔卅〕以前、並送67□□〔納訖カ〕、若有未進者、准未進數、奪専當郡司職田直、若不足、亦没國司公廨、
調傜錢用帳事、京職者、〔式云カ〕凡調傜錢用帳者、毎年起正月一日、盡六月卅日、起七月一日、盡十二月卅日、二度進之、
此月齋院襖〔禊〕事、或〔式〕云、宮主於院者68供〔先〕者〔御〕禊、然後男女官臨河邊解除、但禊物・饗粁院司具備、

晦日齋院祓事、式、一条、中臣奉麻、宮主衣一領、事畢賜祿、十二月又同、中臣被

此月、東大寺千花會事、

新撰年中行事 下

「(表紙)
一四四
八、二、
年中行事 下
」

(1オ)
秋

例進地子事、官式云、凡諸国例進地子、仰所司、毎年七月以前申進未之數、随即下符、令催進之、

東寺灌頂事、見承和十三年符、實恵表云、式云、式日九月十五日云々、但有延引之時云々、

秋首一七日毎寺講㝡勝王經事、貞格、為年穀、小[少]僧都明福表云々、承1平[和]三年、

夏賜云〻、

七日〔月〕、越後・佐渡・隠岐三ケ国、去年調帳進官期也、

上旬、圖書寮曝涼佛像・經典事、寮式云、起七日〔月〕上旬、盡八月上旬云〻、

一日、視告朔事、見四月、

同日、官政事、

（1ウ）

同日、式・兵兩進〔省欤〕補任帳事、依仁壽元年七月十四日宣旨、毎年正月七日〔月〕進、而依同三年六月十三日宣旨改、正月・七月・六月・十二月進之云〻、可尋式文、

同日、中務省女官補任帳進太政官事、若有遷任・卒死之時、以朱點、更寫一通、十二月廿日進藏人所、

同日、藏人所給出納卞第事、承和例云、夏卞第、〔自〕日正月一日、至六月卅日、上日、百六十、卄、百卌已上、十、

同日、定應向廣瀬・龍田祭五位事、使事見四月一日、

調庸帳事、民部、

大臣以下外記以上、春夏馬粁下文事、六月下番、

二日、入道太政大臣〔藤原兼家〕忌日、

三日、三省申春夏馬粁文事、

小祀、

官式云、其太政官馬䉼者、當月一日錄送弁官、〻惣造、三日下符式部云〻、」

（２オ）

式部式云、六月・十二月下旬、文官捴□〔計〕2云〻、正月・七月三日平旦、各令主典申送ホ云〻、申政訖、自下罷出、而後史依例讀申、但三省考選目錄中務衣服ホ、不被弁官引而直申、

三日、枇杷贈太政大臣（藤原長良）忌日、斉衡三年薨、諱長良、權中納言也、昭寛〔宣〕公傳云、貞觀ム丨、興福寺始設□□會大般若、即年忌辰、永為追恩云〻、

四日、廣瀬・龍田祭事、廢務、小〔少〕納言申可廢務状、

七日、内蔵寮弁備節食事、延喜例云、殿上男女方〔房〕及所〻節食云〻、

同日、内膳供御節供事、付采女、〻〻付女房、七・九月同之、但三月不入司式、

同日、織部司織女祭、

同日、散置拂拭御調度事、蔵人式云、御書・御本又同之、又披涼仁壽殿御書・御屏風ホ、蔵人所人ホ共涼之、

同日夕、乞巧奠事、内蔵寮弁備鋪設、雑色ホ益送云〻、

同日、國忌事、西寺、奈良（平城）天皇、裁〔載〕仁和三年、今止、」

八日、文殊會事、東西寺料米、廩院卅石、大炊廿石、東西相分行事、所成廻文、官厨式云〻、弁・小〔少〕納言料、以地子米充云〻、大舎人相分催䉼物、各取承知、割留王〔卿脱カ〕3已下節祿、充件料、其奏文後日、上卿以外記付内侍所云〻、

（２ウ）

左右史生二人、執當其事、當日相分參行之、䉼米五十石、白廿、黒卅、其文以後

（3オ）

日、上卿付内侍所奏聞云〻、

大舍人式云、會以前、差舍人以人〔八〕、進弁官従其事云〻、

奏事例云、令弁若蔵人奏、了給史、或内侍奏云〻、

貞格、僧綱牒、贈僧正勒〔勤〕操・元興寺泰善ホ云〻、若秦比〔攸〕[4]、畿内郡邑、廣[5]

役〔設〕件會、此則依文[6]殊般涅槃經云〻、望請、下符京畿諸国、同條件會、諸

国司・講讀師仰所部郡司及定額寺三綱ホ、郡別〔於一〕[7]惣村邑、屈請進練行法師、

以為教主、毎年七月八日、令修」其事、兼修理堂〔塔〕[8]損・經教破損ホ、當會日、

同供養、當會前後、三个日禁斷生、會集男女ホ、先授三歸五戒、次令稱讃

藥師・文殊命号各一百遍云〻、其會料者、割救急料利稲量充行、若国郡

司・百姓ホ割随分物加施、不在制限、天長五年二月間〔官〕符也、又云、僧綱

一人檢校事、東〔泰〕[9]善牒、畿内七道講師・国司相共檢校、京兆所修、獨任俗

官、望請、俗間〔官〕[10]・僧綱相共檢校會事云〻、承和二年六月符也、

十日、三省申春夏馬料事、外記例、

（３ウ）

三省被引弁官進、先申先〔次カ〕還出、其後有官史例申文之事、官式云、九諸司馬粁者、起正月盡六月、計上日一百廿五以上、給[11]〔春脱〕夏粁、」中・式・兵ホ省錄人數、七月十日弁官䆋三省、申太政官、其太政官云〻、即錄三省所申惣日〔目〕、十五日少納言奏之云〻、粁錢并人數見式部式、大学・陰陽頭、不解經術、[12]〔停脱〕給云〻、

上旬、圖書寮曝涼佛〔像脱〕・經典事、寮式云、起七月上旬、盡八月上旬云〻、

上旬、雅樂官人ホ分配相撲司事、分配左右司云〻、

十日、相撲人入京事、延喜十三年符、以今日為期、十九年宣旨、違期到来、随状下獄云〻、廿二年、依彼宣旨行之、一部[13]〔倍〕違期三[14]〔之〕數、令候、

給主殿司節粁事、四位百、五位八十、六位藏人六十、非藏人五十、童不出式、以佐渡布給之、

十四日、瓫供事、

（４オ）

當日内藏寮弁備瓫供、卌口、有解文、申其由、仍先垂東廂御簾、」奉置御前、當孫廂雨〔西カ〕第一・二間、雙立長櫃四合、其上是御瓫、或不下御簾、御拜三度畢、即返給、同寮令奉於寺、

同日、瓫使舎人事、

大舎人寮式云、七月十四日、奉盂蘭瓫供養、使舎人七人送省云〻、

同日早朝、宮内省檢校瓮供事、
省式云、早朝、丞・錄各一人、攣史生二人、向大膳職、檢校七箇寺盂蘭瓮供物云ゝ、
今月十二月〔日〕、大給事、近代不引[15]〔行〕、一大臣・大弁着陣給之、近代給殿上女房、自大炊寮、依宣旨給、
十五日、盂蘭瓮事、宮内・大舎人・大膳・大蔵、
官式云、盂蘭瓮供養、[16]令史檢校、事見大膳式云ゝ、」東西・佐比・八坂・常住・出雲・聖神、合七寺云ゝ、

（4ウ）

同日、雅樂參東西二寺・大安・西大・法華・秋篠寺事、見四月八日、
同日、弾正檢察東西寺事、
同日、奏給諸司春夏馬新文事、見上、少納言奏之、官式、
同日、下野國藥師寺齋會事、民部式、
同日、嵯峨太上天皇崩、承和九年崩云ゝ、不置国忌・山陵云ゝ、
十六日、三省進夏季帳事、但民部進鐍符、

（5オ）

式部式云、四季[17]𢖶〔徴〕免課役帳者、四孟月十六日、申左[18]（衍カ）右弁官、

十六日、相撲召仰事、弁内取之、前二日云〻、」

廿[19]日、於大蔵給諸司馬粁事、官式云、廿日官符下省、廿二日出行[20]〔給〕、秋冬准此、

廿日、内記秋冬祿文進中務省事、

廿二日、於大蔵給諸司馬粁事、官式云、廿日官符下省、廿二日出給、秋冬准此、

廿三日、藥師寺大般若會事、玄蕃、盡七日、

僧數前齋十日申官、施物用本寺物、省錄已上一人、寮属已上一人、並諸寺以供事、

廿四日、贈太政大臣（藤原冬嗣）忌日、諱冬嗣、号閑院左大臣、天長三年薨、

同日、山階寺長講始事、卅日間修之、粁米百五十石、

此會、承和十三年忠仁公（藤原良房）、奉為先考（藤原冬嗣）・先妣（藤原美都子）始修也云〻、妣尚侍藤原美都子忌日九月四日、此日者即此會竟云、其始講涅」槃經四十巻云、其後講一切經論・諸家義疏、嘉祥三年以来、染殿大后（藤原明子）助會資用、貞觀十四｜九

（5ウ）

月二日、忠仁公薨、自後大后専一云ゝ、而昌泰三年五月廿二日昇霞、此會欲絶、致仕左大臣良世（藤原）嘆云ゝ、祖父長岡相府（藤原内麻呂）有水田若干、貽其孫、謀以此應倚、分給其孫云ゝ、仍先訪於西三条右丞相（藤原良相）〈良相、〉云ゝ、仍分廣田庄田之地子、永充長講會之施供云ゝ、[21]祖父長岡相府相公（藤原良世）昌泰三年冬薨、即贈太政大臣時平（藤原）公相承興隆、去延喜九年四月四日即世、太政大臣忠義公（藤原兼通）深感先者之遺志續云ゝ、貞元二年云ゝ、講藥師如来本願功徳經一巻、寂勝王經疏六巻、以詔〔為カ〕大施主本願云ゝ、」

（6オ）

廿五日、相撲節事、〈召合、大月廿八・九日、武徳殿有此儀、或神泉・建礼門、或紫宸殿云ゝ、〉
天長三年六月己亥、改七月七日相撲、定十六日、避国忌也、丙辰、[22]仁〔任〕相撲司、七月[23]戊寅〔辛巳カ〕、[24]〔御脱〕豊樂殿、覧相撲云ゝ、
貞觀四年七月十六日、相撲節改六月十五日、定七月上旬之内云ゝ、元慶八年格云、弘仁以降改定數度、七月廿五日定為節日云ゝ、
先一月、任左右相撲司事、

（6ウ）

官式云、簡定中納言・參議・正次侍従奏聞、人數左右各十二人、中務任之、如式部儀、兵部行事、
別當親王有闕、并念人公卿依遷官可改、有侯〔仰カ〕更定、奏下外記、
參期日寂手參来者、左右次將奏其由、御覧、弓場殿着御、雖連〔違カ〕」期參尚真〔奏〕、或依
連〔違カ〕期不召、或尚召之、
先五・六日、内取事、節代召合之時、亦如之、
先一日、覧左右占手童二人、召後日占手、仁和二年、各府中將相副也、延喜十三年例也、
左自北方、右自右方、參入東涟、令六位蔵人一人、置其長、了退出、
廿六日、同相撲事、
内裏式云、御紫宸殿、衛仗服當色者、而延喜十二年、准五月六日例、着
青摺衣也、
又御武徳殿、内裏式、弁舊例、今日不御紫〔宸脱〕殿・神泉朩、而延喜十二ー例若之、
廿七日、御覧相撲人事、南殿有此儀、
或有節代、廿七・八日間、行其儀、天徳三年七月勅定、在別、」

（7オ）

又召合事、或於仁壽殿、有此儀、無召合、不挿葵𧮶花ホ、雖有勝負、無音樂、或南殿、雖有召合、依有早〔旱〕疫、不労〔挙カ〕25音樂云々、

又停召合後覧抜出例事、

殿上五位・六位之中高戸〔戸カ〕者為使、候〔仰〕内蔵寮、令進明櫃二合加帯、

延喜三年、八月召合、依七月十七日有三品是貞親王葬送也云々、

今月、仕丁給綿事、民部、

擬文章生試事、式部式文、見二月部、

大安寺法華經會事、貞〔格〕拾、天長九年、別當平26法ホ表云々、

今月、賜瓜於侍従所事、延喜廿年、兩度給、

〔八月脱〕

一日、着朝座事、

造酒司供御井酒事、司式云、起七月下旬醸造、八月一日始供、日五升、又云、盡九月卅供之、

（7ウ）

具注暦本進寮事、陰陽寮、

考文成案事、太政官、始定少納言・外記・史生ホ下文、

大臣以下外記以上秋冬季祿下文事、七月下番、自二月迄此月、上日計下、

同日、春宮御服事、春宮坊、

一七日、諸國金光明寺轉讀金剛般若經事、主形〔税〕式、見二月、

上丁、釋奠事、大学式云、若上丁當国忌及祈年祭、改用中丁、貞今案曰、日蝕亦同云ゝ、祈年雖非今月祭、亦在二月載也、

明日、明經論義事、外記取博士ホ夾名、覧上卿、ゝゝ見了、艮〔即〕[1]返給外記、但一通奉藏人所、

天皇御南殿、差〔着〕[2]帳中御座、若有餘熱、依仰懸御簾母屋、其内御帳東間逼南立大床子、為御座云ゝ、事了還御後、於敷政門外給祿、不出御時尚祿、

（８オ）

廢務日、雖參〔不カ〕下給、有講止宴、」參入給之、講宴共止不參、若參時或給之、或不給云ゝ、

弘仁六年二月、延大学博士及学生殿上立義、賜祿有差云ゝ、明日論義始之歟、但今者二月無此事、

大学寮獻昨〔胙〕[3]事、一同二月、獻殿上、給祿、見藏人式、

二日、春宮御被析事、宮式云、御被析長絹廿疋、白綿二百屯、申官請受、
同日、春宮坊申春秋析塩事、宮或〔式〕云、申官請、各六斛、4
同日、春宮御服事、
三日、祿文移事、式部、
三日、淡海公（藤原不比等）忌日、贈太政大臣不比等、養老四年八月三日薨、
四日、国忌、西大寺、高野天皇（稱德）、貞観今案止、天長元年十月十日官符、依去九月廿七日太政官論奏省除、
　高野天皇、今案止、」

（8ウ）

五日、北野祭事、一条院御時始、内蔵寮幣使立、
五日、式部省請印准蔭并誤位記事、兵部、不請印、
四世以下王、五位以上子、四位已上孫ホ、准蔭叙之云ゝ、
七日、牽甲斐國勅旨牧御馬事、延式云、真衣野・5相〔柏〕前両牧、卌疋、元五十疋、元五十疋、
若有延期状、於南所申之、或於陣申之、上卿見了令奏、乍有陣座、付蔵人若殿上弁、又可有官奏者、
相加奏、甲斐・信濃左寮主當、武蔵・上野右云ゝ、又武蔵御牧有別當、餘三
国有牧監、又甲斐有別當云ゝ、三国任牧監事、見馬寮式、監牧、六年為限、交替式、

（9オ）

九日、国忌、元興寺、田原天皇、諱志貴皇子、天智天皇子也、霊龜二年、葬田原西陵、光仁天皇踐祚之後、追稱春日宮天皇、置国忌・山陵也、今不廢務、但省除由不見也、

件国忌載弘仁式也、貞觀式無所改、而不載延喜式、可尋、又載」朝所打板、仁和三ト〔年〕、元慶八年十二月官符、置贈皇太后藤原氏〔澤子〕山陵、停田〔原脱〕天皇陵、而仁和三年打板、猶有此国忌、可尋、令檢国史、元慶八年六月十六日丙午、省除件國忌、

件田原天皇国忌、近代之例、無廢務、檢貞觀式、不省除、又仁和三年已載朝所打板、但延喜治部式不見、而檢式云、東西二兩寺、六位已下三分之二參、春宮坊三月十七日・廿一日、八月二度參云々、所謂八月二度、件田原天皇九日国忌・光孝天皇廿六日国忌ホ也、治部式脱漏不載歟、為當此式可除不除歟者、可尋論奏・官符ホ也、

（9ウ）

十日、三省申秋冬季祿目錄事、」

同七月十日馬析儀、弁〔并歟〕法申了、式・兵・申〔中カ〕讀申、大臣惣判、与一〔之〕、三輔稱唯、丞・錄次之、次弁官申政、

同日、法性寺八講事、定十講也、然世所稱八講云々、

内記并史生考日行事文進中務事、

十一日、比叡不断念仏事、起此日暁、迄十七日夜、慈〔覚〕学〔円仁〕大師自唐移傳、自貞觀七年始行也、

十一日、定官中考事、官式云、太政官考選文者、八月一日少納言・弁・外記・史ホ、別當勘抄成案畢、長上考文、上[6]〔十一〕日申大丞[7]〔臣〕云々、

十二日、小定考事、

官式云、其番上考者、十二日少納言・弁大夫・外記・史ホ定之、使部考、後日定之、

十三日、牽武蔵秩父御馬事、廿[8]足、朱字、承平三年四月二日、為勅旨牧、

十四日、法性寺八講竟事、貞信公〔藤原忠平〕忌日也、天暦三年薨、或後、

(10オ)

十五日、朱雀院太上天皇崩、不置國忌、

十五日、牽信濃勅旨諸牧御馬事、式六十疋、元八十疋、官字、

山鹿・塩原・岡屋・宮處・平井弖・埴原・大室・猪鹿・大野・萩[9]倉・笠原・新[10]治・高位・長[11]倉・塩野、合十五牧、

同日、八幡放生會事、

天延二年八月十一日宣旨云、毎年放生會日、仰雅樂寮、准節會立[12]〔音〕樂、官人二人攣大唐・高麗音聲人、可令供奉、又仰左右近衛府・左右馬寮、以[13]一〔十列〕坊御馬十疋、毎年相遞令供奉也、乗人裝束用競馬時裝束、供給以畿内調錢、官田地子付」(10ウ)官〔宮カ〕寺、司弁備可給之、抑一代之間云ゝ、今猶行云ゝ、

同日、奏給諸司秋冬及皇親時服目録事、

外記取集三省解文、合作奏、

式部式云、皇親時服者、与季祿共給之、

十七日、牽甲斐国穂坂御馬事、式卅疋、年来廿疋、元卅疋、栗字、[14]

廿日、牽武蔵小野御牧御馬事、卅疋、松字、[15]式後、承平元｜十一月七日、為勅旨牧、

廿二日、於大蔵省給秋冬季祿、女官廿五日給之、

廿三日、牽信濃望月御馬事、式廿疋、牧字、承平比卅疋、

廿四日、延暦寺試年分度事、貞格云、起廿三日始試、廿七日得度云〻、
民部式云、試年分度者、證師并使、従八月廿四日、迄廿七日、合四ケ日」
(11オ)
斨云〻、七月卅日以前、割近江年斨進官、内官長主當送彼寺、
嘉祥三年十二月十四日符、應増加年分度者二人事、右十禅師円仁表云〻、
延暦聖皇（桓武天皇）賜山家年分二人、止觀業一人、真言胎蔵業云〻、伏望、二人外
更賜兩人、各令習学一業、令一人学金剛頂經、兼讀法華・金光明經、一
人学蘓悉地經、兼讀法華・金光明云〻、右大臣（藤原良房）宣、奉勅云〻、毎年四月
三日並令得度、自余事修〔條〕[16]、一同前度〻〔之〕[17]例、
同年同月十六日符云、應増加止觀業年分度者二人事、右十禅師光定表偁
云〻、望情〔請〕、更加二人、弘傳円教、寺〔守カ〕護国家者、右大臣（藤原良房）宣、奉勅依表、
(11ウ)
事年〔毎カ〕四月三日並令得度、自餘一」准前度之例云〻、
貞觀十一年二月一日符云、應依先後格毎年春秋各試度年分者六人事、二
人依延暦廿五年正月廿二〔六カ〕[18]日所度〔符脱〕、一人遮那業、一人止観、二人依嘉祥三

年十二月十四日符所度、一人金剛[19]□〔頂〕業、一人蘊悉地業、二人依同年十二月十六日符所度、並止觀業、右得座主円珎云〔表〕丶〔云〕、[20]望請、自今以後、先格度者、起三月十四日始度〔試カ〕、[21]十七日得度、後度者、起従八月廿[22]□〔三〕□〔日〕始試、

廿[23]一〔七カ〕日得度云〻、中納言其〔基〕公〔經〕[24]宣、依請云〻、

廿五日、牽武蔵立野御馬事、式、諸牧卌疋、後加十疋、石川・小川・由比、官字、式、立野廿疋、元十五疋、今加五疋、繋飼十疋、毎年十月以前牽貢、路次之國、[25]不〔各〕忘〔充〕秣蒭・牽天〔夫〕、」

廿六日、国忌事、西寺、光孝天皇、

廿七日、国忌事、西寺、文徳天皇、承平元年停之、入九月廿九日国忌、

廿七日、試延暦去〔寺〕年分得度者事、廿四日登、見上、

海印寺年分度者事、廿五日登、史一人行事、

廿八日、牽上野勅旨御馬事、式卌疋、五十疋、繋飼廿疋、件繋飼解文、上覧之後、外記返給、且給主當、右馬寮令取、不奏之、

利刈・有馬嶋・治尾[26]・拜志・久野・市代・大藍・塩山・新屋犲也、但有[27]

封牧以春字云〻、

卅日以前、大帳進官事、但陸奥・出羽九日為期、志摩使附朝集使、其七道諸國十一月一日進官、

（12ウ）

戸令云、凡造計帳、毎年六月卅日以前、京國官司、責所」部手實、手實者、戸頭所造之帳、其戸籍亦責手實也、具注家口・年紀、謂、年起[28]〔紀〕猶云年歳也、若全戸不在郷者、謂、假如、要籍駈使、挙戸赴任、并浮逃未除之類也、即依舊[29]〔籍脱〕轉寫、并顯不在所由、収訖、依式造帳、謂、造計帳之模様也、連署、八月卅日以前、申送太政官、謂、雑戸・陵戸帳、亦同申送、賦役令云、九[30]〔毎脱〕年八月卅日以前、計帳至、付民部、主[31]計〔〻脱〕庸多少、充衛士・仕丁・采[32]女・〔〻脱〕丁ホ食、謂、除當年役人之外、皆惣輸庸、充衛士・女丁食、并役民雇直及食、以外皆支配役民雇直及食、九月上旬以前申官、

卅日、諸國米期事、民部式云、春米運京云〻、備中・伍[33]〔備〕後・安藝・伊与・土左、八月卅日以前、並送納訖、若有未進者、准未進數、奪専當郡司職田直、若不足者、亦没国司公廨、

（13オ）

晦日、斎宮禊事、臨尾野湊褉〔禊〕云〻、

秋季御讀經事、或七月行之、天慶九年八月、大極殿有御讀經、依[34]同〔日〕□〔殿脱カ〕南釋奠内論義也、

今月、蔵人依宣旨向東西河令飼鵜倫御事、仰左右衛門府、

九[1]月、式云、凡斎王將入大神宮之時、自九月一日迄卅日、京畿内・伊勢・近江ホ國、不得奉燈北辰及挙哀・改葬云〻、

承平八年九月三日、有除目、是任斎宮寮官人、加任右衛門督、又移左近公卿座於宜陽殿、是羣行年也、斎王入伊勢之月也、

（13ウ）

天台灌頂事、嘉祥元―、慈覚〔円仁〕大師奏行云々、

[2]朔日、着朝座事、是月毎日着、但十一日廢務、[3]

同日、木工寮請年新物事、寮式云、一日申省請受云々、云宮内省也、物色目見寮式、[4]

同日、供御贄事、内膳、

同日、校書殿者〔考〕文進内侍所事、

氷魚供御事、内膳式云、[5]山城国・近江国水〔氷〕魚網代各[6]〔一脱〕處、其水〔氷〕魚始九月迄十二月卅日貢之、今差蔵人所上□[7]〔臈〕者遣網代、或時国司申停遣使、直以貢之云々、

同日、飛驒國匠[8]〔丁〕可參木工寮事、寮式云、匠丁卅七人、以九月一日、相共參[9]〔著〕差寮家、不得參差、

汁糟事、造酒式云、従九月一日迄五月卅日、々別昇[10]〔四升〕行御厨子所、二升行進物所、従六月一日迄八月卅日、搗糟代云々、

上旬、計帳申官事、令文見八月卅日事、

上旬、造樺井假橋事、雜式云、凢山城国泉河樺井渡瀬者、官長欒東大寺工木、毎年九月上旬造假橋、来年三月下旬[11]壊取、其用度[12]〔除〕以御帳〔度脱〕得田地子稲一百束充之、

同日、新嘗會酒造事、造酒、

(14オ)

[13]其奏可釀新嘗黒白二酒事、宮内省・神祇官共赴造酒司、[14]〔卜〕下造酒殿地及應[15]進酒稲國郡、訖付内侍奏之、覧畢返給内侍、下弁官、式云、省丞以奏状付内侍云々、官即仰下、其新用官田稲、其供奉酒部以下亦卜食者、[16]〔用脱〕

[17]宮内式、内侍奏了下官云々、

[18]造酒司式云々、若當子日、聽省處分、[19]酒司式云、官田稲廿束、畿内所進、

一・二日、不可必有官奏、延長二年、左大臣(藤原忠平)仰云々、邦基(藤原)卿記、

二日、忠仁公(藤原良房)忌日、

地黄煎事、典藥式云、右件雜物、九月一日申省[20]〔請〕□受、但地黄有多少、所須料随亦增減、其造煎之間、限十六日給酒食、

[21]三日、御燈事、一同三月、起一日迄三日潔齋、一同三月、廢務、

(14ウ)

仁和四年九月朔、潔斎之解除已畢、縁昨日始脱素服也、」

此月有仏事、[22]見御記、承平・安和、依先例被止云々、是依三代實録例也、

然而如仁和例者、依大嘗事被止由不見、至于羣行年止、式文也、至于斎

王入伊勢年、停止奉燈、式存之事也、

[23]輕服朩人三个日不參内事、但參外記、無妨云々、當日廢務、若依穢朩、雖無御燈、未御禊間、猶如式文云々、

四日、山階寺長講會終事、尚侍贈正一位藤原美都子忌日、尚侍者従五位上真作（藤原）女、枇杷中納言（藤原長良）及忠仁公（藤原良房）・五条大后（藤原順子）母也、

四日、崇福寺傳法會事、

五日、伊勢大神宮女鞍送事、造兵司、

今[24]〔日〕月、送斎宮裝束料事、

(15オ)

依寮官後院奏、自蔵人所、送裝束二具、參内外宮、絎加」金銀泥各五兩、蘓芳五斤、他染草、自内蔵寮下、

大蔵省送梵釋寺僧絎綿事、

七日、奏諸國言上當年不堪田解文事、五日申大弁、七日申上、當日奏也、八月卅日以前、進坪付帳、

九日、国忌[25]、天武天皇、件[26]天皇朱鳥元年九月九日崩也、文武天皇大寶二年十二月勅曰、[27]〔九日脱〕九月・十二月三日、先帝（天武・天智）忌日也、諸司當此日、宜為廢務、今止、

九日、内蔵寮弁備節會事、同七月、

九[28]日早旦、書司供[29]菊事、二瓶、居机二脚、立孫廂南第四間、

同日、藥司獻茱萸事、二嚢、蔵人取之結付、撤藥玉改附云々、

藥司式云、畏茱萸料云々、皇后宮亦同、典[30]藥式、呉茱萸廿把、附藥司供之、

同日平旦、奉菊酒中宮事、職式云〻、

(15ウ)

[31]同日、宴會事、南殿南廂、額間左右、立花瓶二口、有臺、各刺菊花、

延掃部式云、九日菊花宴、[32]神衆〔泉〕苑云〻、

大同二年、止正月射礼、以此日行之、依事繁云〻、

天長二年、止[33]五月節、茲日臨射宮、[34]觀馬射云〻、依[35]五月節御忌月也云〻、

[36]上件兩事、随時之宜、非[37]為永式耳、

延長九年以後、康保以往、依御忌月停之、円融院、

荊楚歳時記云、九月九日、四人並籍野領〔飲〕宴、金谷園記曰、昔顔渕、九月九日坐北湖之上、泛菊酒飲之、

十一日、奉幣伊勢大神宮事、廢務、有行事者、藏人候御笏、内裏式云〻、

[38]前後有斎、但役〔後カ〕斎輕服人無妨、參入若延引者、可行大祓、

(16オ)

延引例、延木十七年十月一日、

[39]神式云、平旦、天皇臨大極殿奉幣、事見儀式、使王及中臣・忌部」給當色、執幣五人、使従者三人、各給潔衣、[40]但〔王脱〕斎初參入之時、設御座於大極殿、事見儀式、

[41]又云、斎王初參入云〻、又云、使尋常十一日、而斎王參向之時、即陪従

參入、又斎十八个日、始自朔日、今案、遅參者可延歟、
十四日、伊勢宮神衣祭、[42]神祇令云、季[43]〔秋脱〕神衣祭、謂、与蓋[44]〔孟〕夏祭同、
同日、神嘗祭事、神祇令云、〔謂脱〕[45]神衣祭日、便即祭之、
十五日、東大寺大般若會事、雅樂、
十六日、度會〔宮脱カ〕神嘗祭事、
十七日、大神宮神嘗祭事、
廿四日、金剛峯寺試真言宗年分得度事、
[46]承和二年八月符、小〔少〕僧都空海表云〻、不經省寮、課試文義十条、准延暦廿五年符、通五已上、以為及第、但受戒後六年住彼寺、為國家修三密法門云〻、但以九月廿四日、永為得[47]度之由〔旦〕、
（16ウ）
同日、金剛峯寺米油事、主税式云、修功徳料、以紀伊国正税弁備、国司検校、前會十日運送寺家、
同日、試真言宗年分度事、
廿七日、東院女王〔恵子女王〕忌日事、

廿八日、国忌事、東寺、太皇太后[48]五条太皇后（藤原順子）、今不見、[49]

廿九日、国忌事、西寺、醍醐天皇、承平元年九月官符、停八月廿七日天徳[50]〔文〕天皇国忌、入之、

卅[51]日、山階寺法華會[52]事、始[53]七日修之、件會竟十月六日、長岡大臣（藤原内麻呂）忌日也、料米七十二石六斗五升八合、備前鹿田庄地子用之云々、若[54]小月廿九日云々、竪義者五人、三人研学、一人次第、一人三論、其講師者即件竪義者次第用之、

卅日、調郡司庶〔歴〕名事、民部、

陸奥・出羽[55]〔進脱カ〕大帳官事、

陸奥・出羽・大宰計帳事、民部式云、計帳、陸奥・出羽両國・大宰府、九月卅日以前申送、餘国如令、

(17オ)

今月、雑祭事、神祇、

御巫奉斎神祭、中宮・東宮御巫准此、御門巫寺[56]〔奉〕斎神祭、座摩巫奉斎神祭、生嶋巫奉斎神祭、並於神祇官[57]二〔斎〕条院祭之、

畿内境祭事、京職式云、毎年九月、神祇官幾[58]〔畿〕内擇〔堺〕祭、差擔夫五人已上送之、

送東大寺油事、主税、

明年御服事、内蔵式云、明年御服料、及練染用度、毎年九月具録色目、申省待下[59]官符、各就所司請受、貯収寮蔵、毎季随内侍宣、出充縫殿寮、其雑給料在此内、

(17ウ)

畿内・丹波等國例進雜器并槲事、民式云、十月以前宛進、若致未進、移式部省、不聽国司預新嘗會節、

金谷園記、冬者終也、万物之終、皆結〔終〕成也、纂要云、冬曰玄英、氣黒而〔青〕60十二月英、前〔亦〕61曰陽日、〔月〕此時純陰、用事嫌其無陽、〔故〕胡曰陽月、

冬

嘉祥寺地藏悔過事、大膳式、

大炊寮竈神祭事、十一月、

東西悲田新疊行〔下脱〕施藥院事、掃部式云、東西悲田、毎年冬季所給古弊疊卅枚者、下行施藥院、惣計彼院及兩悲田、當時養病者、〔所脱カ〕1□□〔孤兒〕2定數、均令分給、

金谷記云、十月者立冬〔氣カ〕之氣節也、言冬寒刹至、

十月、初雪降者、依宣旨、取諸陣見參、給祿、初〔雪〕宮祿是也、藏人式云、大雪時云〻、五畿内・伊賀・伊勢・志摩・尾張・參河・近江・美乃・若狭・丹波・丹〔後〕夜・但馬・因幡・播磨・美作・備前・紀伊・淡路廿二ケ國、調帳進官、十月為期、

玉燭寶典云、十月建亥、昔秦皇以為正月云〻、

(18オ)

朔日旬事、御南殿、并改撤御裝束ホ、一同四月、

一日、視告朔事、同四月、

一日、着朝座事、十一日・廿一日同此、若無朝座者、公卿於官廳政行之、

同日、諸司畿内進考選并告朔文事、中務長上・宮人考選云〻、

官式云、諸司及畿内国司長上考選文者、十月一日進弁官、〈見儀式、〉訖同日弁官計造目申太政官、即下式部・兵部、其太政官長上及番上考文亦便同下、諸国司及畿内番上考文者、二日共3進〔集〕送式・兵二省、

式部式云、諸司畿内長上考選文進左弁官事、〈外國十一月一日、〉

同日、畿内朝集進官事、〈志摩便附大帳云〻、此注不得〔意脱カ〕、志摩非畿内之故也、仍句〔尋カ〕之、〉」

隠首、義解云、無名之民、自来而首也、

(18ウ)

同日、隠首等帳事、〈又可注十一月、〉

延民部式云、隠首括出者、畿内十月、外國十一月、主計寮載功過帳申省、〻押署進官、得度除帳者、〔移脱〕4主税寮不申省、〈件文具今案之也、但移主計云〻、〉

弘式云、隠首并〔朩カ〕者、十月一日、除帳朩帳、〈二〔十一カ〕月一日、〉主計寮送省、判署付主税、〈貞今案、具如延式、〉

考課令云、凡國郡以戸口増益、應須5進考者、若6足〔是〕招慰、謂不従戸貫、而招慰得者、7〈謂、蝦夷之類也、〉括出、〈謂、籍帳無名、而官司勘出者也、〉隠首、〈謂、無名之民、自来而首也、〉走還者、〈謂、逃走之人、悔過還歸、其浮逃絶貫、於所在附貫者、亦入功限也、〉得入功限、8〔折〕析生者不合、〈謂、折者分也、言戸分為二戸也、〉若戸口入逆、〈謂、自入逆黨者也、〉走失、〈謂、逃亡也、〉犯罪配流以上、〈謂、已殺已配者、其縁坐家口及没官、并蠱毒同居等皆是、但移郷及特流、并當贖者非、〉前

(19オ)

帳虚流[9]〔注〕、謂、前司之時、死者注生、逃者注在、而後任之官、因循不」改者也、及没賊、謂、被逆賊抄略、以致減損者、依降考例、
没賊非人力所制者非、

同日、奏鼓吹發聲日事、太政官・兵部・陰陽・鼓吹、
弁官預仰陰陽寮、令擇申吉日、然後奏之、
官式云、兵庫召[10]〔使脱〕發管戸、自十月至来年二月、教習鼓吹、其初發聲日者、
寮預申官、〻仰陰陽寮令擇定、然後少納言奏之、事畢之日、右弁・史各
一人、兵部輔・丞・録各一人、就本司試其業、事見兵部式、

同日、主殿寮進御殿炭及殿上侍炭事、始自今月、迄明年三月晦日、數見所例也、

初亥日、内蔵寮進殿上男女〔房脱カ〕餅事、各一折櫃、

上旬、造酒司始釀黒白御酒事、」(19ウ)
造酒式云、十月上旬擇吉日始釀、十日内畢云〻、熟後以久佐木灰三升、採御生氣方木、和合一甕、号[11]稱黒貴、其一甕不和、是稱白貴、其踐祚大嘗會遣酒部二人於二國斎場院、以預其事云〻、
木工寮造酒殿・臼殿各一宇、草葺、構以黒木、掃部以苫八枚葺二[12]〔殿〕枚、別葺四枚、云〻、

解斎之後、二殿給神祇官副已上中臣、一室給宮主、

一日、文武官進考文事、弁着西廳行、在弁事中、

二日、番上考文進事、太政官、式部式云、諸司畿内番上考選文進省事云々、外國十一月一日云々、

同日、文武官各出考文二省事、

郡司功過申官事、民部式云、京職・諸国郡司功過帳、主計・税〔主脱〕13勘定送省、畿内十月二日、外國十一月二日申官、文可注十一月、

同日、内侍所奏可供新嘗祭官田稲粟卜定文事、」(20オ)

神祇官卛卜部、宮内省丞・録各一人率史生、共向大炊寮、卜定可進稲粟國郡、訖即内侍奏之、〔御脱カ〕覧畢返給、内侍下於弁官、

宮内式云、神祇祐・史各一人卛卜部、省丞・録各一人卛史生云々、省丞以奏状進内侍、々々奏了下官、々即仰下云々、

同日、中務省申官〔宮〕14人冬衣服文事、

今月、殿上男女第〔等脱〕文事、下内蔵、女房自御前給、

三日、諸家考選文進式部省、式部式云、平旦、諸家各以家司并帳内・資人及定額雑色人ホ考選文云々、

三日以前、點定五節儛姫事、頭持硯紙ホ、候御前定之、
藏人頭奉仰、召仰可獻之公卿、或親王獻之、但后妃・女御・尚侍可獻之、別遣中使令仰示矣、殿上舞姫、召仰四位・五位有女子之者、殿上舞姫二人、或無之、」
藏人式云、頭不仰、藏人奉之、

(20ウ)

同日、左右衛門府築射場堋事、可開永安門之由、仰右近陣、

四日、刑部省進年終断罪文事、官式云、凡刑部省所申断罪文者二通、十月四日進弁官、即史〔日史〕日讀申、外記覆勘造論奏、廿日以前奏聞、謂、流罪已上及除免官當、若有依奏及恩降、並具状錄刑部解後印之、訖附弁官、一通留弁官、一通下刑部、其奏儀ホ注下、

弘仁六年十一月廿一日格云、應改申死罪期限事、右云〻者、右大臣〔藤原園人〕宣、奉勅、於行大辟、秋冬無妨、而頃年有司必至年終、乃奏刑書、施行之後、計其行程、[15]全〔令〕入春日〔月〕、以到遠國、宜自今以後、十月初[16]□〔断〕奏訖之〔衍〕後、但始自十一月、至于十二月十日、常行祭事、不得令京官、此限内決戮刑云〻、

寛平元年十月廿三日辛巳、刑部奏断罪文之日、改先式、准別式、十月以〔廿日脱カ〕前令進上、為忌凶事也、」

(21オ)
延喜刑式云、九流罪以下、随發且断、其死刑者、皆惣断十月四日申官、即断文令判[17]〔事脱〕属申送、

断獄律云、九立春以後、秋[18]〔分〕冬以前、決死刑者、徒一年、疏云、依獄令、従立春至秋分、不得奏決死刑、[19]連〔違〕者徒一年、又云、其所犯雖不得待時、若於禁殺日而決者杖六十、疏云、准令、犯悪逆以上、及家人・奴婢殺主者、不待時、大祀及斎日・朔・[20]望〔晦脱〕・上下之弦・廿四氣・假日、並不得奏決死刑、雖不待時、於此日亦不得決死刑、[21]連〔違〕而決日〔者〕杖六十、又云、待時而[22]運〔違〕者加二等、疏云、謂、秋分以後、立春以前、於禁殺日而故決者、加二等、合杖[23]八〔十脱〕、

(21ウ)
獄令云、従立春至秋分、不得奏決死刑、若犯悪逆以上、及家」人・奴婢殺主者、不[24]物〔拘〕此令、其大祀云々、

五日、中務省申後宮冬衣服文事、妃・夫人・嬪・女御也、省式云、此日、内侍具録人数移省、々造解文申官、

同日、射場初事、天暦蔵人式、此日菊花宴、十一日初射場云々、

同日、残菊宴、延長九年、依國忌月、停九日宴、天暦五年、有詔置此宴、其後円融院御時、復舊九日行、

六日、長岡贈左大臣（藤原内麻呂）忌日事、諱内麿、弘仁三年薨、

[25]下氏大納言以下、五位以上出祚〔禄〕褂衾、別當弁加署廻文申長者、給讀師料、才〔第〕二人出之、會參人夾名、別當弁加署進長者、三ゝ〔ゝカ〕下外記令廻仰之、延官式云、氏付外記、ゝゝ大臣、〔申脱〕ゝゝ差氏弁為勅使、弁別當有障、差他弁、下向日有随身文书、使歸後、長者以所進文书、付内侍所奏聞、外付外記、年分文不付下弁云ゝ、件文可奉入了、

十日以前、定五節行事藏人奏聞事、藏人式云、奏聞後、預藏人令出納一人・小舎人三人、同關件事、文人外記之〔筥〕覽、大臣付内侍也、近代、大臣便付弁、謂下向弁也、若弁垣下者、用奉之、

十日、興福寺維摩會事、内藏寮送布施料調綿六百屯、令奉入、法相宗講無垢稱經六巻、他宗講維摩經三卷、前月廿五日以後、今月一日以、〔前脱〕藤氏弁差人、召仰可叅〔參會〕念之人ゝ、[26]

今案、以氏院別當所差定、申長者令仰外記也、惣稱藤氏弁、頗似荒凉耳、」

（22オ）

官式云、余念〔參會〕[27]藤氏五位以上六位以下、見役之外給往還上日四个日、若有不參者、五位已上不預節念〔會〕[28]、六位已下官人奪季祿、

玄蕃式云、十日始、十六日終、其聽衆九月中旬僧綱簡定、先經藤氏長者[29]之、〔定脱〕但専寺僧十人、待彼寺送名簿請用、其立義者[30]、探題試之、及第者即叙滿位、省寮共向行事、維摩[31]・勝竪義〔竪脱〕叙位者[32]〔滿脱〕、寺別惣錄夾名、連載一紙、僧綱共署申官云ゝ、御格、均請六宗学僧、延暦廿一年正月符也、

昔大織冠（藤原鎌足）家在山城國宇治宇治（衍カ）郡山科村陶原、大臣久有身病、時百済尼名清明到大臣家、大臣問其国病者如何得愈、尼云、顯維摩詰像、讀維摩經、病愈、仍大臣家中常立顯其像、令講此經、以此尼即為講師、始日講問疾品、時大臣病即愈、自明年每年講之、薨後不講、大臣二男淡海公（藤原不比等）又至大臣位、又有病占、崇依此講絶、是改起行、自陶原家移法光寺行之、自法光寺又移殖〔槻カ〕擬寺、其後大臣第去〔建立カ〕興福寺、移運彼山科陶原堂家、立奈良京、仍曰山階寺、又曰藤原寺、尓後代ゝ帝皇皆生此氏、次ゝ賢佐多、其門寺榮、會大可然云ゝ、

同日、苅草夫事、民部、

十一日以後、飼乾草事、左馬寮式云、九細馬十疋、中馬五十疋、下馬廿疋、牛五頭、十一月十〔衍〕33一日以後飼乾草、34馬日二斤〔束半〕、〻別十斤〔束〕二兩〔重脱〕、其飼丁馬別一人、以衛士充云〻、其飼秣者、冬細馬日米三升、大豆二升、中馬・下馬各米一升、大豆一升、牛米八合云〻、」

同日、中務申給後宮并女官冬時服文事、同四月、

中旬、嘉祥寺地蔵悔過事、見大炊式、

十五日、本元興寺万燈會油事、主殿、主説〔税〕式、

十六日、三省進秋冬季帳事、但民部省進鐲〔鎰〕、式部式云、九四季徴免課役帳者、四孟月十六日、申左右弁官、

(22ウ)

十六日、維摩會終事、内大臣〔藤原鎌足〕忌日、内大臣大織冠、天智天皇八年十二〔衍〕月十六日薨、

十七日、国忌事、大安寺、崇道天皇〔早良親王〕、今案止、天長元年十月十日官符、依去九月廿七日論奏止之、但同年十二月十四日官符、列十陵、預荷前也、

崇道天皇、光仁天皇〻子、即桓武天皇同母弟也、天應元年四月四日、立皇弟早良親王為皇太子、延暦四年十月廢之、流路〔淡脱〕嶋、十九年七月、追稱崇道天皇、廿四年四月、為〻〻〔崇道〕天皇〔建脱〕小倉、并預国忌、」

（23オ）

廿日、典藥進生地黃樣事、西宮云、在五日前、遣所上労人、侍醫進䉼物文云〻、

蔵人式云、廿日以前云〻、是奏聞差定煎地黃使、用所一身[35]〔労〕者云〻、

同日、中務申宮人成選位記䉼物事、大□[36]〔哥〕云十一月中子日、所錄可召人名簿、付〔侍脱〕内、内侍下給諸司、近代藏人奏下、

[37]〔貼紙〕「中務式云、九宮人成選位□[38]〔記〕者、准男官叙之、其䉼物十月廿日申□[39]〔官〕請〔受〕文、同□[40]〔日カ〕、」

近江國送延暦寺定心院并釋迦堂炭事、

氏〔民〕部式云、定心院十禅師、并釋迦堂五僧䉼庶〔炭〕[41]者、令近江国以徭丁焼俻、

毎年起十一月一日、迄来年二月卅日、計日人別充一[42]〔斗〕年、十月廿日以前惣

送寺家云〻、

廿日以前、奏年終断罪文事、官式、上旬官覆勘刑、申断文、造論奏文、奏聞、

大臣參上奏之、勅減死罪、處遠流、自餘[43]〔有〕省断、大臣奉勅、依例行之、」

（23ウ）

廿一日、大哥所初事、式部貞式云、被召太子[44]〔大哥〕所之輩、起[45]〔自〕百十月廿一日至正月十六日、一向直所、若无故不上者、五位以上不預節會、六位已下奪季祿、散位・雑色才責以違勅、

或注廿二日、

同日、競馬負方獻物事、清涼記云、近代不行此儀、

貞觀六年十月廿一日、御南殿、右三府及馬寮獻物、去五月六日競馬立[46]〔走〕馬之輸物也、音樂俻挙、百戲皆作、極解[47]〔醉〕罷宴、賜祿各有差、

丗日以前、進大帳事、京式云、九責計帳云々、見六月一日、大帳[48]〔十〕□月丗日以前進之、其書生食限三ケ月、

丗日、進京軄大幡事、京軄、検延式、無所見、

今月、延暦寺燈分事、

諸國班田事、

(24オ)

進三色僧帳事、貞格、應進智〔徳脱〕・修行・学生三色僧帳事云ゝ、僧綱一人毎寺分、須對大衆而撰之、令別當・三綱并学頭」同署、其帳皆三年一度造簿、十月ゝゝ〔丗日〕内為例進之、承和五年十月符、

治部省申僧綱孟冬簡定明年諸国講讀師事、

玄蕃式云、諸國講讀師者、与僧綱倶、孟冬一日簡定牒送省、但其牒不留寮家、副解送省、ゝ亦加解文共進官、即經奏聞、明年二月以前下任符、

其装[49]束行程准俗官云ゝ、

綱所申孟冬簡定僧綱不具解文事、弁申上卿、ゝゝ付殿上弁若蔵人奏之、即下宣旨、史申弁、直弁申上卿也、

申大粮文事、一大臣着陣、大弁候座、其所弁候官人座、近年史申文、如何、

今月、家嶋御馬始放飼事、

式云、放播磨国家嶋御馬、寮直移國放繋、寮別丗疋、當年十月始放飼、

金谷園記云、十一月者大雪之氣節也、言其寒氣傳甚、以成大雪也、
玉燭寶典曰、十一月建子、周之正月也、

来年三月下旬繫取、其路次国〻[50]、各充使才食弁〔并カ〕牽夫遞送、」

（24ウ）
十一月、踐祚大嘗年、散斎一月、十一月自[1]拜晦盡〔朔〕[2]、〔斎脱〕[3]致三日、自丑至卯、其斎月者、頒〔預〕告諸司、及下符畿内、不得預[4]仙〔仏〕斎清食、

其言語者、死、直、病、息、哭、塩垂、打、撫、血、汗、[5]害〔宍〕、蘭〔菌〕、墓、[6]攘〔壌〕、

遠江・駿河・伊豆・甲斐・飛驒・信乃・越前・能登・越中・伯耆・出雲・

倫中・倫後・阿波、十五ケ國調帳進官云〻、一書云、加賀・讃岐、十八ケ國進云〻、

朔日、着朝座事、

一日、典藥寮進生地黄煎事、多少随生地黄數、延喜例、

定地黄煎使事、西宮新抄、十月、差蔵人所上労、侍醫進料物、

朔日早旦、内膳司供忌火御膳事、同六月、

此日、冬至時獻賀表事、參議以上連署獻之、新嘗會次、賞暦博士才、神龜二年、此日有宴、」

（25オ）
同日、中務省奏具注御暦事、若天皇出御南殿、其次奏之、又雖出御、或依仰付内侍所、不出御之時、外記申上卿、〻〻令蔵人奏、仰云、付内侍所令奏、上卿召外記仰其由、須〔頒〕暦進外記、官式云、陰陽寮造新暦畢、中務十一月一日奏進、其頒暦付少納言令給大臣、〻〻轉付弁官、令頒下内外諸司、

中宮式云、陰陽寮進暦事、中務輔〓寮官云々、進一人〓省・寮進々云〔云々〕、陰陽式、二人、7〔局カ〕
東宮式云、陰陽寮進云々、即暦収蔵所、8〔人脱〕案還本寮、陰陽式、二局、
儒傳云、9小治田〔推古〕朔〔朝〕十二年歳次甲子正月戊申朔、始用暦云々、
10史記云、持統元年正月、頒暦諸司云々、
11国史、十年〔推古〕、百済奉暦本云々、」

(25ウ)

同日、神祇官始奉御贖《アカモノ》事、自一日迄八日奉之、
同日、陰陽寮申隠首事、民部、
同日、七道朝集帳進官事、志摩國大帳、便附此使、
同日、諸國進考選文及雑公文事、
官式云、諸國考選文及雑公文、附朝集使、十一月一日進弁官、如諸司儀、
事見儀式、訖弁官惣計造目申太政大官、及下式・兵、亦同上例、番上考二日〔文脱〕
送省、
同日、青馬秣事、馬式、廿一疋、自十一月一日〔至脱〕12正月七日、二寮半13〔分脱〕飼之、一疋□□、14〔互飼〕

同日、謙徳公（藤原伊尹）忌日事、

(26オ)

上卯日、相嘗祭事、神祇、斎王遙拝事、斎院、」

神令、謂、大倭・住吉・大神・穴師・恩智・意冨・葛木・鴨・紀伊國日前神才類是也、神主各受官弊帋〔幣帛〕15而祭之、

神式云、神七十一座、雜物申官請受、付祝才奉班、酒析稲者、用神祝〔税〕16及正税、斎院式相嘗祭、若七月以前定斎王者、當了〔年〕17祭之、八月以後者、待明年祭、神座二前、上下兩社析、尚〔南〕面東上、右毎年十一月上卯鶏鳴、斎王潔斎、遙拝奉幣於神社、夕時設上件神座於斎殿、座別設斎王供承座祭之、奉幣使廻後、院司并宮主各給衣一領、明日夕給酒饌於院裏男女、18禄各有差、初使至社〔衍〕19使奉幣之後、於社前給兩社祢宜・祝及忌子才禄、同四月祭例、其用度析、絹廿疋、調綿二百屯、布卅端、預前申官、請」大蔵、

(26ウ)

同日、縫殿寮御匣殿若〔著〕20酒三神祭事、

同日、宗像祭事、四月同、

上巳日、山階祭事、當日使立、四月同、

二日、功過帳申官事、見十月二日、

五日、干槲事、内膳式云、丹波國毎日一荷、始十一月五日、終五月四日、中宮准此、五月五日注云、五十把、准而可知、

上申日、平野祭事、四月・十一月、同四月、不給祿云〻、遣右近將監取見參、治部雅樂三分・二分各一人、哥人・哥女等供奉、

同日、春日祭、未日使立、二月同、

雅樂官人一人率歌人等供奉、大内穢時、不使參内、祭延引時、有大祓、延長四―二月例、應和二―、三度有穢延引、仍停祭云〻、

(27オ)

同日、杜本祭事、午日使立也、

同日、當麻祭事、午日使立、

上酉、率川祭事、用春日祭明日、

同日、梅宮祭事、永延以後又祭、

同日、當宗祭事、午日使立、

同日、松尾祭事、

七日、奏諸国言上當年損田解文事、

（27ウ）

十日、三省申位祿文事、如七月十日儀、

弘式部式云、五位已上卒、聽給當年位祿、其十二月卒者、不給明年之祿、

又云、位祿者、毎年十一月十一日申太政官、廿二日給之、預具」曆〔歷〕名移彈正臺、其四位・五位自參而受、參議及散位年七十以上、不在此例、

延喜式云、〔十〕升[21]日〔申脱〕太政官云々、若當日不參者、惣錄曆〔歷〕[22]名、移大蔵省、

同日、大蔵省申源氏冬衣服文事、

中子日、大原野祭事、見二月、有二子者、用下子、

大哥召人名簿下所司事、彼所付内侍奏、返給、内侍下所司、近代蔵人奏下、

同日夜、五節舞姫調習事、丑日又同、昔此日參入、近代丑日參入、但大哥參入云々、

蔵人式云、先遣小舍人、召大哥云々、垣下、當日早朝差之、

遣狩使事、蔵人所牒、

中丑日、園并韓神祭事、用新嘗祭前丑、延木二年二月十二日、依止、行大祓事、

同日、宮内省奏御宅田稻數事、職員令云、宮内省、卿掌云々、舂米、官田、義解云、謂、供御稻田分置畿内者、為官田也、或云、四畿三宅田稻云々、」

(28オ)

中寅日、鎮魂祭事、[23]中宮錄〔鎮〕魂、同日行之、皇后雖懐妊猶行、是延長三・天德二年例也、又掌侍有障之時、以中宮内侍為代官、

職員令云、鎮安也、人陽氣曰魂、ゝ運也、言招離遊之運魂、鎮身躰之中府、故曰鎮魂也、

[24]神式〔中務式カ〕云、前五日簡點和舞、侍従・内舍人・大舍人各四人、令赴宮内省云ゝ、治部・雅樂三・二分各一人、哥女・哥人等供之、

舊事本記曰、天神教導、若有痛處者、令茲十寶、謂一・二云ゝ、而布瑠部、由良ヽヽ止布瑠部、如此為之者、死[25]〔人〕生返生矣、即是布瑠之言本矣、所謂御鎮魂祭、是其鎮〔緣カ〕矣云ゝ、

同日、令卜明日侍臣小忌合不事、一同神今今〔食〕、若無出御云ゝ、

同日、長田事、」

(28ウ)

同日夜、試五節儛事、御前試也、件舞浄[26]〔御脱〕原天皇所制也云ゝ、見本朝月令、天平十五ー、皇太子〔阿倍内親王〕親舞五節、

中卯日、新嘗祭事、廢務、若有二卯、用下卯、

注〔卅〕田日、此事欤、

中務式云、大嘗會八姫装27〔束脱〕料云々、通用十二月神今食云々、同日兆人内記

一人文、進中務省事、

職員令云、神祇官、伯一人、掌大嘗、

義解云、謂、嘗新穀、以祭神祇也、朝則諸神之相嘗祭、夕則供祈〔新〕穀於至

尊也、

同日、大殿祭事、明日平旦、

同日、可宿官人歴名事、彈正式云、九十一月中卯日、應宿官人歴名、上左弁官、春宮式云、大宿官人歴名、申弁官、」

（29オ）

同日、忌火大炊殿祭事、新嘗祭時、先新造炊殿、依件鎮祭、宮主行事、其舊殿者壊28〔却〕都、給宮主、

次辰日、節會宣命事、依穢雖止祭、於大蔵省給祿、寛平二、

式部式云、諸司六位已下官人給祿云々、

中務式云、命婦已下今良已上装束料、殿司燈守四人、掃29〔司〕部女孺十一人、

30 大炊〔火炬〕二人、東豎子装束料云々、元日亦准之、但五月五日云々、並依内31〔司脱〕侍

移請充、皇后宮女孺九十人、今良十五人云々、

巳日、東宮鎮魂事、[32]治部丞・録・雅[33]樂〔寮カ〕人属・哥人・〔哥脱〕女扌供奉、

同日、賜女王禄事、

中申日、吉田祭事、

十五日、位禄目録合造奏事、」

（29ウ）

慶雲二年十一月、詔、加親王・諸王食村[34]〔封〕、各有差、先是、五位有食村[35]〔封〕、

[36]主〔至〕是代以位禄、

延官式云、凡給位禄者、中・式・兵三省録應給人物數、十一月十日申太
政官、[37]艮〔即〕造惣目、十五日少納言奏之、廿日官符下大蔵、廿二日出給、事
見儀式、其身在外国及国司[38]〔者脱〕、以當国正[39]〔行〕親税給之、又見同式部式、

貞主税式云、九五位已上位禄、給諸国者、東海道駿河以東、ゝ山道信乃
以東、北陸道能登以北、山陰道伯耆以西、給運賃、自餘諸国及在国司[40]〔者脱〕、
不在此限、仁和書云、慶雲年中、以京庫物、初給位禄、于時、在外国」
（30オ）
之五位者、便以使国物准給、仍注外字為別、爰朝議不費庫物、須有公益

云〻、

中旬、陰陽寮擇定元日童女衣色奏事、

廿日、漏剋油事、陰陽式云、勘錄申省、随月大小、請受所司、従三月至八月、夜別四合、従九月至二月、夜別五合云〻、

同日、内記冬馬粁文進中務省事、

廿一日、大舎人秋冬衣服文事、

廿二日、於大蔵省給位祿事、

齋院式云、不滿十年、致破損者、五位奪位祿、小〔不カ〕及位祿給限者此日也、

廿四日、天台大師供事、智〔智顗〕者大師忌日也、霜月會竟翌日所行也、延暦七年十一月、傳教大師〔最澄〕所行也、」(30ウ)

下酉、賀茂臨時祭事、試樂未日前日、寛平元年十一月廿一日己酉始也、使右近中將時平〔藤原〕朝臣云〻、

卅日以前、檢牧監・別當功過幷移兵部省事、

馬式云、甲斐・信乃牧監、左、武蔵別當・上野牧監、右、各檢功過上日寮考、

卅日以前、移兵部省、

晦日、齋宮禊事、近川為禊云〻、

卅日、進縣釀酒事、造酒式云、九縣釀酒、山城國四斛余、大和・河内・攝津𠀋國四解[41]〔斛〕、並[42]十一月卅日以前進訖、給諸王已下、國栖已上料、

今月、笞杖事、囚獄司、

氷池神祭事、主水司式、十一月祭云々、十九座、又云、氷池風神九所祭、山城五所、大和・河内・近江・丹波各一所、右若有年温氷薄、即祭也、尋常寒歳、不在此例、」

(31オ)

京職田地子事、京式云、職寫田、不[43]沽地子帳、十一月卅日以前進之、絶戸田准此、

貢蘇事、文武天皇四年十月、遣使造蘇、仁和三年、[44]〔衍〕寮奪美濃𠀋十一个國位祿公廨、[45]〔違〕連期也、舊制、貢蘇[46]〔違〕連期、國司五位已上科違[47]〔勅〕勸罪、六位以下不論蔭贖、[48]〔笞〕決笞六十、今改前格、施此新制云々、

本草云々、徵寒、補五藏、利大腸、主口瘡、陶注云、乳成酪、々成蘇、々成醍醐、色黄白、養生要集云、甘人云、[49]〔道脱〕乳・酪・酥・髄常食、令人有筋力、膽䏶、肌躰潤澤、卒食、令人□□[50]〔臚脹〕、泄利、漸々自已、蘇敬云、酥掐酪作之、性猶与酪異、今通言、恐是陶之未達、然酥有牛酥・羊酥、牛酥勝於酥[51]〔羊脱〕、其牦牛復優、雜要決云、因乳生酥、從酪生云々、」藥決立名三變澤云々、今案、作蘇之處出酪、如乳脯而庶也、

(31ウ)

延式、蘇壺大小各一升納之云々、於亥牛〔各年カ〕、

一番、丑未、八个國、伊勢十八、七大十一小、尾張十五、五大十小、參河十四、四大十小、遠仁〔江〕十四、四大十小、駿〻〔河〕十二、四大八小、伊豆七、小、甲斐十、小、相〻〔模〕十六、六大十小、

(32オ)

二番、寅申、六个國、伊賀七、小、武蔵廿、七大十三小、安房十、小、上総十七、七大十小、下総廿、八大十二小、常陸廿、十大十小、

三番、卯酉、八个國、近江十八、七大十一小、美乃十七、七大十小、信乃十三、五大八小、上野十三、五大八小、下野、〔十四脱〕52五大九小、若狭八、小、越前十五、六大九小、加賀十五、六大九小、〔三〕53

四番、辰戌、十个國、能登九、三大六小、越中十、四大六小、越後十一、四大七小、丹波十一、六大八小、丹後八、二大六小、但馬十一、三大八小、因幡十一、三大八小、伯耆十一、三大八小、出雲十一、三大八小、石見八、二大六小、

五番、巳亥、大宰府七十、十五大廿小一升、大一升、卅五大五合、

六番、子午、十四个國、播万十五、六大九小、美作十一、三大八小、備前十、二大八小、備中十、二大八小、備後七、二大五小、安藝八、二大六小、周防六、小、長門八、小、」紀伊七、二大五小、54淡路三、小、阿波十、四大六小、讃岐十三、五大八小、伊与十二、四大八小、土左十、四大六小、

(32ウ)

又云、諸國貢蘇、各依番次、當年十一月以前進畢、但出雲國十二月〔為〕55日限、輪〔随脱〕56轉次、終而復始、其取得乳者、肥牛日大八合、痩牛減半、作蘇之法、乳大一斗、煎得蘇大一升、但飼秣者、頭別日四把、

前式作三番、東海十四國為一番、除志万、東山五个國、除飛驒・陸奥・出羽、北陸五个國、除佐渡、但加賀今加、仍無之、山陰六个國、除隠岐・丹波、惣十六个國為二番、山陽七个國、除長門、南海六个國、大宰、合廿四个國為三番、件前式、今所不用也、然而為知舊跡所裁〔載〕也、」

今月、熊野八講事、

金谷園記云、十二月者大寒之氣節也、言其寒氣慘冽、故謂之大寒也、

十二月、[1]相模・武蔵・安房・上総・下総・常陸・上野・下野・陸奥・出羽・石見・安藝・周防・長門、十四个國、調帳進官、[2]一云、[3]十三个國云々、仍長門一國、四月為期、

[4]位記新軸充内記所事、内匠式云、内記局所[5]請位記〔新脱〕、赤木軸七枚、黄楊軸廿枚、[6]〔厚〕原朴軸百枚、毎年十二月充行之、

[7]諸國非業博士・醫師秩満年終申太政官事、式部式云々、

[8]諸王京職移事、正親式云、凡諸王年満十二、毎年十二月、京職移宮内省、々以京職移、即付司令勘會名簿、訖更送省、明年正月待官符到、始預時服之例、

[9]凡賜時服王、定四百廿九人、待其死闕、依次補之、但改姓」為臣之闕、不補其代、随即減定額數、

(33オ)

[10]京式云、諸王歳満十二、毎年十二月、録名送宮内省、

朔日、内膳司供忌火御飯事、内膳司度進物所、々備干物・鮮物各二種、盛土器、高三寸許、

鎮御魂斎戸祭、中宮准此、

東宮鎮魂[11]〔御魂〕御斎戸祭事、[12][13]神祇官斎院、中臣行事、

神祇官始奉御贖物事、起一日、迄八日、

七曜御暦本進寮事、陰陽寮、

式部式文、見正月一日事中、

（33ウ）

召使冬衣服見給不給下厨家事、十一月下番、案主後〔給カ〕史生衣服、月〔自〕十二月至来年、五月夏服、百廿日為限、

同日、諸補任帳入外記事、

[14]依仁壽元年七月十四日宣旨、又進蔵人所、而依同三年六月十七日宣旨、

[15]以〔改カ〕正月、十二日〔月〕内進、

上[16]□〔卯〕日、大神祭事、[17]宣〔寅〕日使立、内蔵諸宮使也、近衛府不立之、[18]無冬祭之故也云〻、

[19]若有三卯、用中卯、有二卯、初卯行之、過此之後、有司擇荷前日、立春前行之、

二日、中宮職被請来年雜用絎調布事、宮式云、調布一千端、預申弁官請受云〻、

同日、春宮坊申来年雜用絎、[20]式云、絹三百疋云〻、

三日、国忌事、崇福寺、天智天皇、

[21]弘仁式部式云、国忌者云〻、其崇福寺、唯圖書・治部・玄蕃六位已下官[22]人二人、史生一人向之、

（34オ）

玄蕃式云、十二月三日、悔過三ケ日云〻、

同日、奏等第文事、
蔵人式云[23]、一如六月、但所例云[24]、殿上才[25]〔〻脱〕六疋、申[26]〔中〕才四疋、但加奏来年内宴装束許又[27]〔新文〕、所例云、
奏殿上四位以下六位以上装束新又[28]〔文〕、後下宣旨、人別六人[29]〔疋カ〕、宴停者、被下
宣、〻[30]〔行カ〕不更行、
四日、清和天皇崩、然[31]而不置[32]國忌、
四日、試貞觀寺年分者事、
天安[33]三年三月十九日符、應得度嘉祥[34]〔寺脱〕年分者三人事、右大僧都真雅表、一
人譜[35]〔諳〕書大仏頂梵字、一人譜[36]〔諳〕書大随求梵字、一人譜[37]〔諳〕書悉曇章梵宗[38]〔字〕云〻、即
(34ウ)
使此三人兼」讀大孔雀明王經三巻并仏頂尊勝梵字一道、毎年三月上旬、
試字[39]〔定〕上件三人、當於今上降誕之日度之、其得度為持念〻[40]〔之〕僧、住嘉祥寺西
院、傳[41]〔轉〕孔雀尊勝、特令弟子□[42]〔之〕中貫首者、永代相承、行此白業云〻、
貞觀十四－七月十九日符、改嘉祥寺年分度者為貞觀寺年分事、貞觀寺牒
偁、天安三－三月十九日格偁云〻、夫貞觀寺建立初、未定其名、因茲、假

嘉祥寺年分号、即稱西院、令住度者、貞觀四年七月廿日、43〔七脱カ〕應以嘉祥寺西
院号貞觀寺之状下知、然而年分号不改、44〔恐カ〕云後代還致疑云々、大納言基〔藤原〕宣、45〔經脱〕
依件改之云、46〔云々カ〕」

(35オ)

寺牒偁、依天安二年三月九日格、
元慶七ー十二月五日符、應改定試貞觀寺年分度日事、三月廿五日試度、
年序47〔已カ〕丶久、望請、改彼日以十二月四日試度、永為恒例云々、
四日、春宮坊受造年中藥料事、坊式云、受草藥典藥寮云々、
五日、大舎人寮申中務上卯杖料事、見寮式、
丹波國供御干槲事、内膳式云、毎日一荷、五十把、此注見上也、五月五日所云々、始十一月五日、終五月四日、48〔中〕申宮准此、
同日、同寮點檢權内舎人名簿申中務省事、式云、朝拜日、點定舎人十人、為權内舎人、其名簿十二月五日申省云々、」
同日、定荷前日事、外記壁書、49天長六年十二月十三日宣、荷前日時解文雖定、遠早50〔日十〕二月五日以前為例、令進云々、51仰云、廿四日中務省云々、

(35ウ)

陰陽式云、52〔九〕秋獻荷前日、豫擇定大神祭後立春以前、十二月五日申省、
中務省同使差文入太政官事、

参議已上非参議三位、太政官定、[53]四位已上、省定云〻、

同[54]省申無品親王冬時服文事、

諸司進權官冬衣服文事、

七日、中務省申諸司冬衣服文事、[55]同六月七日儀、

九日、中務省奏給諸司秋冬時服文事、事見六月、

十日、奏御卜事、此日、不可必有官奏、延長二年左大臣（藤原忠平）仰者、邦基（藤原）卿記、

同日、陰陽寮勘明年御忌付内[56]〔司脱カ〕侍事、式、中宮・東宮准此、

(36オ)

上旬、攝津國採進追儺矢料蒲[57]輩〔葦〕事、寮式云、各二荷、

上旬、奏應供元日御藥童女年并衣色事、式云、舊年十二月上旬、与御忌奏之、

上旬、太政官弁官年料給物事、太政官式云、[58]

上旬、圖書寮請来年所須調度事、

皸寫田帳進事、[59]京式云、十二月十日以前進之、同月内下諸國、[60]〔沽脱〕其田帳副直錢、明年五月卅日、[61]不〔沽〕御田地子帳、[62]〔卅日脱〕十一月以前進之、絶戸田准此、

十一日、月次祭事、廢務、

同日、七曜御暦本進寮事、陰陽式、
同日、陰陽寮啓東宮来年御忌事、宮式、
同日、神今食事、」
(36ウ)
同日平旦、大殿祭事、
十三日、預點元日侍従及奏賀・奏瑞ホ事、[63]一上參、令參議書奏之、
同日、點荷前使參議事、若立春在近、不待此日、神今食斎日以前奏、省解申上卿、判之申給、[64]〔定脱カ〕[65]〔制云カ〕
古人云、[66]〔十脱〕二月十三日、若大神祭使出立、及有臨時祭者、[67]今日不可奏荷前使文、是[68]延喜御時定云々、上件兩事、書大間、入硯筥、奉參議、先以舊差文・侍従歴名・擇日文ホ、入筥、依上卿召奉之、擇日文、寮以去五日、奉省、々奉弁官、史申弁、又申上卿、〔制カ〕判曰、申給フ[69]〔ヘ〕、了度外記、々々今日入筥奉之、[70]上卿令參議書、[71]了令持外記、[72]參進御所、付藏人奉[73]〔奏カ〕覧、[74]返給、外記行事、[75]六位一外記行之、
(37オ)
延喜官式云、季冬獻幣於諸[76]〔山脱〕陵及墓、皆用當年」[77]〔物脱〕調、中務省預擇大神祭後立春前之吉日、十二月五日以前申送、差文[78]進太政官、又式部點散位五位

已上、進其夾名、為〔補〕[79]輔侍従不参之闕、云々、又[80]云、其使者、大臣預簡五位以上奏聞、参議以上及非侍従五位者、太政官點之、次侍従者、中務省差之、陵〔別脱カ〕或三位及四位王各一人、或四位及五位王各一人、或五位王臣各一人、

中務差内舎人・大舎人ホ副之、内竪所録内竪夾名、進太政官云々、其[81]使者中務・式部差定、移送治部云々、

（37ウ）

荷前事、延官式云、九季冬獻幣於諸[82]〔山脱〕陵及墓、比[83]〔皆〕日用當年闕[84]〔調〕物、中務省[85]〔擇脱〕預大神祭後立春前之吉日、十二月五日以前申送弁官、前五日[86]小〔少〕納言奏聞、弁及史ホ向別貢幣所及[87]□〔大〕蔵省行事、其別貢幣者、内蔵寮供擬、色数見彼寮式、」至時剋、天皇御便殿、礼拜奉班、儀[88]〔参議〕以上侍殿傍幄、[89]〔庶脱カ〕検察事、事見儀式、云々、但常者、[90]〔幣脱〕参議以上一人、向大蔵省奉班云々、事見儀式、

外記私記云、伊勢・近江・紀伊・淡路ホ四ケ國使[91]、以修官符・使差文、次侍従・内舎人合[92]〔令カ〕作一帋、前五日奏上、給返奉置、當日上卿、御前侍従差文、中務奉之、[93]儲〔諸〕大夫名簿、式部奉之、[94]〔當日脱カ〕取先、

元慶八年十二月廿日、定十陵五墓云々、今又不依彼定、有加[95]〔入之〕令事、延長八ー十二月九日、定十陵八墓云々、

十六日、兵庫寮申熟麻臈事、

十六日、度會宮月次祭事、神祇、」

[96]山科、天智天皇、大納言使、
後田邑〔原〕、光仁天皇、四位使、
柏原、桓武天皇、大納言使、
深草、仁明天皇、
後田邑、光孝天皇、以上中納言、
後小〔山〕科、醍醐天皇、
後宇治、円融天皇母后、
今宇治、三条院母后、以上参議、
田原、西春日宮 東白壁帝、元慶八ー止了、
[97]八嶋、崇道天皇、置之、

(38オ)

同日、元慶寺年分度者事、

中旬、典薬寮申送儲御薬斮事、寮式云、毎年十二月中旬申省、但[98]帳布并明櫃臼朩、並随損[99]請受、

中旬、補任帳讀合事、外記、

受[100]領到任勘文事、仰勘解由使、

十九日、御仏名事、自今日至廿一日、但三个日中擇吉日行之、

前[101]一・二、〔日脱〕以御導師并次第僧夾名、賜内蔵寮、令請用、其請書内[102]蔵寮進之、蔵人仰校書殿給之、若導師有闕、或此間被補之、蔵人頭奉勅進而告之、或給請書[103]〔之〕ー日、便被召補之、[104]延喜例也、

(38ウ)

圖書式云、錫杖四枚、如意一柄、已上二種、請蔵人所、

天長七ー閏十二月、禁中三ケ夜、懺礼仏名、[105]〔經脱〕

承和二ー十二月、始於清涼殿、限三日夜、礼拝仏名云、[106]〔經脱〕

同十三ー格、諸國自十五日三ケ夜之間、殺生禁断、仁壽三ー、改定従十九日云〻、

貞觀十三ー九月、分置仏像[107]諸国并太政官・圖書・大宰観音寺・八幡神宮

寺ホ云ゝ、

廿日以前、式部省進諸国主典已上并史生・博士[109]・醫師以下秩満帳事、（蔵人所也、[108]）今来廿日進之、[110]

蔵人式曰、兩省進内外官補任帳、一如六月、但式部加進一分已上秩満帳云ゝ、

同日、式部省進[111]諸国秩満帳事、蔵人所斫、見省式又蔵人式、

同日以前、勘申受領功過事、」

(39オ)

延喜十五ー十二月八日宣旨云、諸国受領吏進[112]解由之輩、宜仰主計・主税寮ホ[113]、每年十二月廿日以前、令勘申其功[114]〔衍カ〕過課、立為恒例者、

同日、延暦寺定心院送綿事、[115]〔大蔵〕蔵人、

同日、出野御倉藥事、典藥寮申、蔵人奏、䊹侍従・侍醫、内蔵寮出御鎰、向御倉開出[116]、用帳各加名、検封退歸、

同日、中務省進女官補任帳事、進蔵人所、

同日、進物所請雜物事、押鮎・煎塩鮎・鯛醤・腸漬鮑、贄殿、〇[117]〔猪宍〕諸宮、内膳、

廿三日、国忌事、東寺、光仁天皇、

（39ウ）

前式云[118]、大安寺、今案、改東寺、」

同日、延暦寺[119]修法事、民部式云、従十二月廿三日迄正月十四日、合三七ケ日修法料、白米十斛、十二月十日以前、割近江年料進進官、内官長主當送彼寺、

廿五日、定賀正權官事、

廿七日、近衛府進請文元日威儀料挂[120]〔甲〕申奏并[121]御輿長事、〔歷名脱〕府式、

下旬、朝拜習礼事、式云、大月廿八日、小月廿七日、式部式云、賀正三[122]〔之日〕、内外諸司五位已上解任之輩、未得解由、但宴會不在聽限、五位郡司亦同、諸司雜色人、諸国四度使、雜掌及入京郡司、皆聽朝拜、即季冬下旬、[123]〔惣〕物集諸司、預令習礼、其參議及三位以上、不在集例、若止時、下宣旨於所司、外記行之、

廿八日、兵庫送神祇官大祓横刀事、[124]點仕丁事、寮式云、請料造送之、[125]見六月廿八日事、」

可尋其細旨、

（40オ）

廿八日、進追儺夾名事、中務式云、前晦二日、中務小〔少〕輔已上點定大臣以下[126]、親王次侍従以上、及丞・錄・内舍人ホ、應預事、造奏文、當日平旦、令内侍進奏、京式云、九追儺夜、分配諸門史[127]〔者脱〕生已上夾名、廿八日以前進太政官、

同日、國忌事、前式、大安寺、今案、改東寺、（高野新笠）太皇太后云々、桓武天皇母后欤、

大寒日、[128]立土牛童子像事、[129]料板、木工充内匠云々、

月令三〔云〕、命有司云々、出土牛、以送寒氣、注云、出猶作也、作土牛者、丑為牛、々可牽止者也、送猶畢也、

陰陽寮[130]延式云云々、請内匠寮、大寒之日前夜半時、〔立脱〕[131]於諸門云々、立春之日前夜半時、寮乃撤、

弘式云、縣[132]犬養・山二門、各青、壬生・大伴二門、赤色、建部・若犬養・伊福部・丹比四門、黄色、玉手・佐伯二門、白色、海犬養・猿〔猪〕使二門、黒色、

貞式云、縣犬養門、今案、無此門、建部云々四門黄色、今案、建部為差〔青〕色、的為黄色、[133]」

延[134]式云、陽明・待賢二門、各青、美福・朱雀二門、赤色、都〔郁〕芳・皇嘉・殷冨・建〔達〕智四門、黄色、談天・藻壁二門、白色、安嘉・[135]儔〔偉〕鑒二門、黒色

(40ウ)

廿九日、進物所請内膳御器事、[136]銀鏤御器大小卅口、膳部向司、請文受之、諸節後返納、

同[138]日、進物所請内膳御器事、[137]〔造脱〕全〔全カ〕、

卅日以前、馬寮録秣未進數[139]進官事、左、近江米百五十石、備前大豆八十石、右、播万米百五十石、阿波大豆八十石、

寮式云、以正税舂倫、并交易充之、若有未進者、毎年十二月以前、具録其數進官、〔官脱〕[140]下所司、[141]物〔拘〕調庸返抄、

土王祭御井事、

主水司式云、御生氣御井神[142]〔衍〕々一座祭、中宮准此、右随御生氣、擇宮中若京内一[143]〔井〕開〔衍〕開堪用者定、前冬土王、令牟」義都首溍治、即祭之、至於立春日昧旦、立春水是也、見四月事内、

(41オ)

牟義都首汲水付司、擬供奉、一汲之後、144〔廢〕癈而不用、
同日、調徭錢用帳事、見六月卅日、
晦日、下諸司年終帳事、官式云、九云々、十二月卅日、並加外題、〔下脱〕勘解由使、
145九条殿年中行事ホ、
同日、宮内省進御藥事、式載南殿儀、蔵人式具見之、
典藥式云、臘月御藥云々、右与元日御藥共造備、晦日奏進、其用途雜物、
同在元日料、146〔内脱カ〕但件御藥、八日更受、〔送脱〕147八省御斎會所、十四日返貢、
148省式云、晦日平旦、輔以上率典藥寮、奏進年料御藥并人給白散、及殖藥様、149〔色脱〕目見本司式、其詞曰、宮内省申久、典藥寮供奉礼古、150元日御藥・臘151御
藥・人給白散、又殖藥様進登申、寮式云、晦日白散様五斗、進内裏152袰紙153〔十〕五千張、盛漆小韓櫃、置白木高案、同日154供殖藥廿五種云々、省輔
以下寮頭已下、共執入進、訖退出、輔留155〔留〕156〔奏カ〕奉入之、奉中宮・東宮白散准此、寮頭已下入進、是日給五位已上白散、中・□・兵ホ省、預送歴名、157〔式〕〔様脱〕云々、右造備
訖、与臘月御藥同日進、(41ウ)
同日、封屠蘇漬御井事、典藥式云、但屠蘇、官人狗158〔將〕藥生、同日午時、封漬御井、令主水司守、元日寅一剋、官人」縺藥生、就井出藥云々、
同日、撰定藥童事、
159屠蘇
同日、典藥寮進東宮白散屠蘇事、
宮式云、十二月晦日、寮進云々一案、160〔雜〕雖給丸藥一案、其日平旦、官人縺
侍醫・藥生ホ進之、如五月供昌蒲儀、但屠蘇者、進与侍醫比、161〔封〕打漬御井、

（42オ）

同日、奏瑞有無事、

同日、大祓事、同六月、

同日、東西文部奉祓刀事、

同日、神祇官奉御贖物事、同六月、東宮又有此事、

同日、齋院御禊事、見六月、

同日、命婦已下雑給䉼物事、中務式、命婦已下䉼、米八十石、糯米廿石、大豆・小豆各廿石、油[162]四斗五升、皇后宮[163]女孺〔䉼脱〕ホ、米十五石、糯米五石、大小豆各五[164]石、油二石、

位[165]記䉼[166]軸充内記ホ事、

内匠式云、内記局所請位記䉼、赤木軸七枚、黄楊軸廿枚、厚朴軸百枚、

毎年十二月[167]充行之、

（42ウ）

同日、差分物聞事、左近式云、儺夜分遣近衛四人、聞夜中事、記奏之、左兵衛式云、差兵衛四人、令聞見夜中變異、其名簿午剋以前進内侍、酉剋候陣、随召帯兵仗、参入近衛陣、分頭退出、元日平旦、録夜中見聞之事、進近衛陣、

同日、追儺事、官式云、事見中務式、[168]〔又カ〕文見儀式、中務〔弘仁式〕式云、其弓矢、就木工寮受之云〻、

今[169]案、陰陽寮作進、慶雲三年十二月、此[170]年、天[171]下疾疫、百姓多死、始作
土牛大儺云〻、
貞観八年五月、下知相模・武蔵・上総・下[172]総・常陸才国、選進長人六尺
三寸以上者云〻、

（43オ）

月[173]令云、季冬之月、命有司大儺、旁磔云〻、注云、此儺〻陰」氣也、儺陰
氣始於此者、陰氣右行、此[174]目〔月〕之中、日歴虚危、有墳墓四司之氣、為厲鬼
將随強陰出、害人也、[175]旁（磔人也、）〔衍〕旁磔、於四方之門磔禳也、
又[176]云、季春之[177]目〔月〕、命國儺、九門磔禳以畢春氣、注云、此儺〻陰氣也、陰
氣[178]寒至此不止、害將及人、所以及人者、陰氣右行、[179]此日〔月〕之中、日行歴[180]昇〔昴〕、
有大陵積尸之氣、〻佚[181]〔衍カ〕則厲氣鬼随而出行、命方相氏、率百隷、[182]素〔索〕室歐〔毆〕疫
以[183]遂〔逐〕之、又磔牲以攘於四方之神、所以畢春氣而除[184]止其災也、王居明堂禮
曰、季春出疫于郊、以攘春氣也、是[185]事、月令注春也、然而本」朝此日之

（43ウ）

儀、仍注此、

[186]追儺分配事、殿上大押壁、

校異

新撰年中行事 上

正月

1 毎月 以下の分注、底本では空白部あり、また誤写もある。西宮記三、毎月奏の記事「毎月一日、内侍所奏去月参議以上〻日一枚、少納言・外記一枚、弁・史上日一枚、左近陣進出居侍従・内記上日、以上内侍所奏、殿上・蔵人所及所〻・諸陣月奏、以上蔵人奏、」により補正した。

2 年出 延喜図書式「年料墨」。

3 上下當 延喜大舎人式「上下番」。

4 □□□□其官□者 延喜近衛式「若無者、判官亦奏、其宿衛者」。

5 玉燭宝典所引春秋説題辞「〻〔春〕者物之出故」。

6 申□ 延喜内膳式「申請」。

7 未□ 延喜内膳式「未御」。

8 政一〻 延喜内膳式「政所一座」。

9 下竈刀自、次邑刀同 延喜造酒式「下小邑刀自、次邑刀自」。

10 若有朝之時 年中抄所引清涼記「若有朝賀之時」。

11 雨雪、□□ 年中抄所引行成卿抄「雨雪、停之」。

12 命婦已下 この記事、延喜中務式は「五月五日」として掲げるが、国史大系本では「五月五日」は衍字として削除されており、何月何日の行事か不明となっている。本書の記載により、この記事は元日節会の規定とみられる。「五月五日」は「正月元日」の誤写か。

13 今食 延喜中務式「今良」。

14 掃部 延喜中務式「掃司」。

15 署樂 年中抄「音樂」。

16 舊 年中抄「復舊」。

17 已上小納言日 小野年中所引弘仁太政官式「以下及少納言上日」。

18 二月 延喜式部式下「亦同」。

19 〻〻　撰集秘記なし。
20 神　撰集秘記なし。
21 氣　以下十三字、撰集秘記になし。
22 土王　撰集秘記「出」。
23 前式偏字　この傍書、撰集秘記になし。
24 前式付水司云〻　この頭書、撰集秘記になし。
25 上卯日、大舎人寮獻御杖事　撰集秘記では、この項目名の左右行間に「小儀、大將已下亦准中儀、少將已下帯弓箭、帯參議已上不帯、近衛黄袍、門部又同、兵衛准近衛」（延喜近衛式・衛門式・兵衛式の趣意分）との書入あり。
26 獻　撰集秘記なし。
27 枝　書紀「杖」、撰集秘記「枝」。
28 供　撰集秘記なし。
29 内侍　延喜中宮式・撰集秘記「訖内侍」。
30 申　延喜陰陽式・撰集秘記「東」。
31 杵　撰集秘記なし。延喜陰陽式「杵」。
32 官　撰集秘記「臣」。
33 韡　撰集秘記なし。
34 王　撰集秘記なし。
35 云〻　撰集秘記なし。
36 次侍　延喜中務式・撰集秘記「次侍従」。
37 中務式　撰集秘記も「中務式」。ただし、実際は延喜中宮式女官朝賀条。
38 饗宴祿　撰集秘記も「饗宴祿」。延喜中宮式「饗宴訖賜祿」。
39 助　延喜中宮式・撰集秘記「納」。
40 不奉　延喜式部式下「不在」。
41 皆改　延喜式部式下「皆放」。
42 皆改　延喜中務式「皆放」。
43 卅四　延喜大舎人式「廿四」。
44 已上　延喜式部式下「上日」。
45 東宮女朝賀事　「女」は「受女官」の略か。本書正月二日条に「中宮受女官朝賀事」あり。
46 毎進之　小野年中「毎月申」。
47 田給　延喜太政官式「給田」。
48 二年　撰集秘記「二帝」。
49 傳　撰集秘記「僧」、小野年中所引貞観治部式「僧」。

50 惣數　延喜式部式下・撰集秘記「物數」。「惣數」が正しいか。
51 京會　撰集秘記「斎會」、小野年中所引弘仁太政官式「斎會」。
52 東西寺　撰集秘記「東寺西寺」。
53 兩　撰集秘記なし。
54 布　撰集秘記なし。
55 以上　撰集秘記「以下」。
56 四　底本の文字は「日」「同」「四」のいずれにも釈読しうるが、撰集秘記に「四」とあるので、「四」と判読した。
57 議　撰集秘記「儀」。
58 云ゝ　撰集秘記なし。
59 裝断　延喜内教坊式「人裝束新」。
60 官位姓名　以下四十三字、底本は大書するが、小書に改めた。
61 七日以後、式・兵兩省進五位已上歴名帳事　この項目、十六頁十一行目にも重出。
62 式有行幸　小野年中「或有行幸」。
63 貞云式云　小野年中「貞觀玄蕃式云」。
64 已上　小野年中所引貞観式部式「以下」。
65 季　小野年中所引貞観式部式「季祿」。
66 永恒例　続後紀「永為恒例」。
67 記　延喜治部式「起」。
68 同條　延喜正親式「同上條」。
69 侍　延喜式部式上「待」。
70 校　延喜中務式「披」。
71 十三(衍カ)日、三省申秋・冬馬新文事　同様の項目が十九頁三行目にみえる。
72 六位　延喜中務式「亦准」。
73 二　延喜式部式下「亦」。
74 季祿　延喜式部式下「季祿儀」。
75 上日夜　延喜兵部式「上日上夜」、九本「上日夜」。
76 貪渇有状　延喜兵部式「貪濁有状者」。
77 給　延喜兵部式「給與」、九本・京本・貞本「給」。
78 教　延喜太政官式「數」。
79 移　延喜陰陽式「省移」。
80 十三日　延喜式部式下「三日」、弘仁式部式断簡も

「三日」。
81　去　延喜玄蕃式「者」。
82　聡　延喜玄蕃式「聴」。
83　有　延喜玄蕃式なし。
84　十種御粥　小野年中所引弘仁主水式「七種御粥」。
85　内　小野年中所引弘仁主水式「納」。
86　再　年中抄所引世風記「再拝」。
87　本　延喜太政官式「本司」。
88　廿人　延喜兵部式「卅人」。
89　卅人　延喜中宮式「卅六人」。
90　着　延喜中宮式「差」。
91　男王饗　延喜宮内式「男女饗」。九本は「王女王饗」に作り、「女王」二字を抹消する。男王のみの饗宴をさすか。
92　無　小野年中なし。
93　四孟　延喜式部式上「四孟月」。
94　二通　延喜式部式上「二通進」。
95　之　延喜民部式「〻」。
96　上　年中抄「止」。
97　申　「申」では意味不通。あるいは書き誤りか。
98　掌豊樂院　三代実録「幸豊樂院」。
99　法服　延喜宮内式「諸王」。
100　官　延喜宮内式「申官」。
101　百日　延喜宮内式「過百日」。
102　今　延喜正親式「令」。
103　廿四日　延喜正親式「廿日」。
104　二口　延喜正親式「五口」。
105　皆　以下十二字、底本は改行して小書するが、大字に改め、前文に続けた。
106　是美　文徳実録「遺美」。
107　勘解由　延喜太政官式「勘解由使」。
108　不滿　延喜玄蕃式「不論」。
109　廿以前　延喜玄蕃式「卅日以前」。
110　秦状　延喜内蔵式「奏状」。
111　御　延喜内蔵式「御斬」。
112　縫殿　延喜内蔵式「縫殿寮」。
113　官中　延喜民部式上「宮」。享保版本「官」。国史大系本と神道大系本は九本傍書により「宮」に改めている。

114 未　延喜民部式「者」。

115 中　延喜神祇式二「中宮」。

116 以上日　延喜太政官式「以上ゝ日」。

117 一日秦　延喜太政官式「一日進奏」。

118 卛人樂　延喜雅楽式「卛樂人」。

119 令釋　年中抄「令擇」。

二　月

1 弟　延喜式部式上「第」。

2 若　延喜主税式「若無」。

3 之宮　延喜大学式「之官」。

4 令　底本、この上に「令」字の二画目まで書いて擦り消している。「令云」と書き出す位置を誤ったため、抹消したか。

5 九産　延喜大学式「九座」。

6 亭　延喜大学式「亨」。

7 京日　延喜大学式「享日」。

8 孺三人装析　延喜中務式「女孺三人装束析」。

9 膳　延喜内膳式「膳部」。

10 擔天　延喜内膳式「擔夫」。

11 不用　延喜中宮式「不須」。

12 主　延喜中宮式「宮主」。

13 幣　延喜中宮式「幣案」。

14 及　延喜中宮式「乃」。

15 馬　延喜中宮式「御馬」。

16 色日　延喜内膳式「色目」。

17 銭析鐵　延喜内蔵式「餞析銭」。

18 下官　延喜内蔵式「下當官」、九本「以下官」。

19 為國　延喜内蔵式「向國」。

20 訖　延喜馬寮式「事訖」。

21 當日　延喜式部式下「當司」。

22 延　小野年中「延引」。

23 十三日　小野年中「十日」。

24 錄　延喜太政官式「祿」。

25 惣送、三日令史生送式部　延喜太政官式「惣造目、三日下符式部」。「令史生送式部」の部分は弘仁式文か。

26　許　延喜太政官式「給」。
27　日　延喜太政官式「日申」。
28　就版　延喜太政官式「就後版」。
29　祿　延喜中務式「祿物」。
30　官人　延喜中務式「宮人」。
31　造　撰集秘記「進」。
32　先　撰集秘記「先書」。
33　惣　撰集秘記「先書」。
34　大臣　延喜太政官式「大臣」、撰集秘記なし。
35　昇序　延喜太政官式・撰集秘記「昇降」。
36　成選又　延喜式部式下「成選人」。
37　并　延喜太政官式「弁」。
38　文殿公文者　延喜太政官式はここから別条で、「凡左右文殿公文者」と書き出す。撰集秘記では改行して、「凡左右文叙〔殿〕公文者」と記す。
39　厨　延喜太政官式「厨家」。
40　曹司　撰集秘記「曹司所」。
41　造行文　延喜式部式下・撰集秘記「造解文」。
42　目錄文　撰集秘記なし。
43　此日　以下十八字、撰集秘記では項目名の右上から行間書入として記す。
44　十五・六日　撰集秘記「十五日」。
45　涅槃會　この一文、撰集秘記では項目名の右上と左上に行間書入として記す。撰集秘記では次のように記事がやや簡略化されている。「涅槃會、今云常樂會」「明日所行法花會、為熱田明神所行也」。
46　致　撰集秘記も同じ。延喜斎院式「令致」。
47　奪祿　撰集秘記も同じ。延喜斎院式「奪季祿」。
48　祿命　撰集秘記「祿令」。
49　右京　禄令・撰集秘記「在京」。
50　往　撰集秘記も同じ。禄令義解「將」。
51　未給　以下十七字、底本では大書するが、小書に改めた。
52　上　禄令・撰集秘記「上日」。
53　吾　禄令・撰集秘記「五口」。
54　中丞　年中抄「中臣」。
55　試　撰集秘記なし。
56　給　撰集秘記はこの後に改行して、以下の記事を

続ける。「式部式云、凡撤〔擬〕文章生者、春秋二仲月試之、試了、喚文章博士及儒士二・三人、省共判定其等第、奏聞即補之、文章得業生試了、判定奏聞亦同」。

57 若河内　小野年中「一斛河内国」。

58 役國司公解　延喜民部式「没國司公廨」。

59 物　延喜民部式上「拘」。

60 大弁申行、大臣令奏行之　小野年中「随大臣申次、上卿奉行」。

三　月

1 十日　延喜太政官式「十月」。

2 六十人　延喜兵庫式「十人」。

3 放聲　延喜兵庫式「放却」。

4 即擬　延喜掃部式「即撤」。

5 御燈　「御禊」の誤写か。江家次第に「若不被奉御燈、猶有御浄食并御禊」、小野年中に「若止御燈、尚有斎、又供御浄食、有御禊事」などとある。

6 令　延喜中宮式「更」。

7 旦　延喜中宮式「平旦」。

8 内寮辨倫節食事　小野年中・年中抄「内蔵寮酒肴事」。

9 年　延喜内蔵式「寺」。

10 仕還　延喜太政官式「往還」。

11 警　延喜式部式上「知之」。

12 見具錄　延喜玄蕃式「具錄」。

13 前卅日　年中抄「先祭卅日」。

14 源氏　年中抄では小書。

15 度　類聚三代格「度者」。

16 別　類聚三代格「別式」。

17 十七日　類聚三代格「十六日」。

18 廻心　類聚三代格「廻」。

19 基　類聚三代格「基經」。

20 明牒戒状　類聚三代格「明牒式、以状」。前本では「以」なし。

21 大毗盧那業　類聚三代格「大毗盧遮那經業」。

22 廿五日　類聚三代格「廿六日」。

23 叙位　延喜式部式下「叙任」。

24 叙位　延喜式部式下「叙任」。

25　右大臣　類聚三代格「権中納言」。右大臣は藤原良相の極官。
26　先宣　類聚三代格「先定」。
27　金剛峯　類聚三代格「金剛峯寺」。
28　大泉　三宝絵十五「大衆」。
29　葬去西　三宝絵十五「寺ノ西ニハフル」。
30　料年　延喜民部式「年料」。
31　年分者　類聚三代格「年分者」、三代実録「年分度者」。
32　恵高　類聚三代格「恵亮」。
33　嘉禅　類聚三代格「嘉祥」。
34　花叡　類聚三代格「比叡」。
35　聖將　類聚三代格「聖朝」。
36　神　神祇令義解「謂」。
37　也　底本では「也」の後に挿入記号を付し、「狭井社一座」につなげるが、神祇令義解の文中なので、挿入の指示を無視した。
38　度　神祇令義解「疫」。
39　付祝寮　延喜神祇式一「付祝等令供祭」。
40　正親　延喜民部式下「正税」。
41　収常　延喜民部式下「収掌」。

四　月

1　有　類聚三代格承和三年三月二十五日官符「有食諸寺」。
2　毎日　小野年中「毎月」。
3　大天　延喜内記式「大夫」。
4　蒼龍　延喜内記式「蒼龍楼」。
5　送　延喜内記式「惣送」。
6　巳　続後紀「辛巳」。
7　八才　延喜掃部式「八撮」。
8　夫　延喜主水式「夫人」。
9　赴　延喜主水式「起」。
10　水　延喜主水式「氷」。
11　馬　延喜馬寮式「走馬」。
12　使進、冬属・史生各一人　延喜中宮式「其使進一人、冬属、史生「各」一人」。国史大系本と神道大系本は「各」を衍字として削るが、「史生各一人」も小書とみれば、衍字とする必要はない。
13 若酒　延喜縫殿式「著酒」。
14 官道　年中抄「宮道」。
15 者　延喜神祇式一「去」。
16 各給祿　延喜神祇式一なし。
17 色目　延喜内膳式「色目見」。
18 遣　延喜中務式「造」。
19 聞　小野年中「開」。
20 臣　延喜神祇式一「王臣」。
21 下部　延喜神祇式一「卜部」。
22 國使　延喜神祇式一「國司」。
23 草稼　神祇令義解「苗稼」。
24 令稔　神祇令義解「全稔」。
25 御　延喜中務式「女御」。
26 解由　延喜中務式「解申」。
27 外記廳　小野年中「外記廳例」。
28 所　小野年中所引外記庁例「不」。
29 不領　小野年中所引外記庁例「不頒」。
30 五位以上　下文八月五日条「五位以上子」。
31 蔭　延喜太政官式「廿張」。
32 捺印了　延喜太政官式「捺了」。享保版本「捺印」。国史大系本と神道大系本は九本・閣本などによって「捺了」に改めている。「捺印了」が正しいか。
33 請　延喜式部式上「調印」。
34 司部　年中抄「子部」。
35 例　小野年中所引外記庁例「依例」。
36 諸寺　延喜雅楽式「諧寺」。
37 官人　祿令「宮人」。
38 具祿　本朝月令所引弘仁中務式「具錄」。
39 冬十月二日　本朝月令所引弘仁中務式なし。延喜中務式にはあり。
40 赤土　延喜馬寮式「衛士」。
41 牙不記　延喜馬寮式「牛不須」。
42 段　延喜春宮式「端」。
43 不被官引　九条年中「不被引弁官」。
44 階　小野年中所引外記庁例「恩階」。
45 弁官結政　小野年中所引外記庁例「弁官結政所」。
46 内文　延喜神祇式四「内人」。

47　齋式　神祇令義解「齋戒」。
48　以　神祇令義解「以供」。
49　同　延喜太政官式「用」。
50　受戒　類聚三代格「授戒」。
51　年分者　類聚三代格「年分度者」。
52　用　延喜玄蕃式「同」。
53　華寺　類聚三代格「法華寺」。
54　七月　延喜玄蕃式「盡七月」。
55　會剛　延喜玄蕃式「金剛」。
56　依　類聚三代格「仰」。
57　天慶　類聚三代格「元慶」。
58　新藥師　類聚三代格貞観十年十月四日官符「新藥師・法華」。
59　別當并　小野年中「別當弁」。
60　對　小野年中「到」。
61　登日　小野年中「祭日」。
62　祿　延喜宮内式「錄」。
63　馬御　小野年中「御馬」。
64　借　延喜斎院式「儲」。
65　普　延喜斎院式「前日」。
66　端　延喜中宮式「帯」。
67　各　延喜中宮式「啓」。
68　四人　延喜中宮式「二人」。享保版本「四人」。国史大系本と神道大系本は同式装束料条などにより「二人」に改めている。
69　奉　延喜内記式「奏」。
70　右　延喜中宮式「左」。
71　寅　延喜中宮式「宮主」。
72　仕人　延喜中宮式「仕丁」。
73　騎馬人　延喜中宮式「馬人」。
74　奏　延喜式部式上「奏聞」。
75　鈴擬　延喜式部式上「銓擬」。
76　勘籍　延喜式部式上「勘籍簿」。
77　申送　延喜式部式上「申官」。
78　不責　延喜式部式上「更不責」。「更」は梵本・貞本などにはなし。
79　廿日　延喜太政官式「卅日」。
80　六人　延喜近衛式「十人」。

81 酒揖　神祇令義解「酒樽」。
82 祭　延喜神祇式一「四面祭」。
83 殿　延喜民部式下「准數」。

五　月

1 達　玉燭宝典所引月令「建」。
2 共女　玉燭宝典所引月令「萎」。
3 右三・五日　小野年中「左三・五日」。
4 省　延喜陰陽式「申省」。
5 廿　延喜馬寮式「十」。
6 酒　延喜内蔵式「脩」。
7 佩　延喜内蔵式「珮」。享保版本「佩」。国史大系本は九本などにより「珮」に改めている。
8 蔵人記之　西宮記三「蔵人取之」。
9 撤ヽヽ萸嚢　西宮記三「撤朱蒴萸嚢」。
10 小輔　延喜典薬式「省輔」。
11 同　延喜典薬式「詞」。
12 申天　延喜典薬式「申久」。
13 國　延喜内膳式「園」。
14 一人　延喜木工式「一尺」。
15 頭　延喜木工式「預」。
16 分行　小野年中「分給」。
17 進馬者　以下の十七字は、前行分注の「弘兵式」に続く文とも考えられるが、ひとまずこのままとする（小野年中參照）。
18 前二日　小野年中「前三日」。
19 二疋　延喜兵部式「三疋」。
20 給番　延喜兵部式「結番」。
21 給番　延喜兵部式「結番」。
22 奏又　延喜兵部式「奏文」。
23 又武　延喜兵部式「文武」。
24 郎節　類史「良節」。
25 時實　類史「射宮」。
26 十欤　延喜内膳式「十把」。
27 雑公　延喜内匠式「雑工」。
28 雑色　延喜内匠式「雑工」。
29 □庸布　延喜内匠式「以庸布」。
30 納之　小野年中「納言」。

31 ヽヽ　小野年中「上卿」。
32 大雪　延喜近衛式「大雷」。
33 清涼殿　延喜近衛式「春興殿」。

六　月

1 奎　玉燭宝典所引月令「奎中」。
2 史　玉燭宝典所引月令「火」。
3 遣木　玉燭宝典所引月令「建未」。
4 御立　延喜神祇式一「御巫」。
5 亦同　延喜木工式「亦」。
6 五日、中務省申親王并乳母夏衣服文　この項目は七十四頁七行目に重出。ここに掲げたのは誤りか。
7 宮時服事　底本は「□宮時服事」と記すので、後宮時服のことかとも思われるが、後宮時服に関わる式日は四月五日と十月五日で（延喜中務式）、六月初旬とは離れている。延喜太政官式に「其太政官時服者、當月（六月）一日錄送弁官」とあるので、本項は「官時服事」であろうと推測した。
8 ヽ　延喜内蔵式「枚」。
9 二枚　延喜内蔵式「三枚」。享保版本「二枚」。国史大系本と神道大系本は九本により「三枚」に改めている。
10 主　延喜内蔵式「立」。
11 挙　延喜内蔵式「舁」、九本・閣本・貞本は「擧」。
12 □御厨子所　延喜造酒式「行御厨子所」。
13 加　小野年中「相」。
14 授官　延喜中務式「權官」。
15 ゝ　延喜中務式「寮」。
16 止内　延喜中務式「此内」。
17 内舍人　以下七十六頁六行目「飛驒工」までについて、延喜中務式は官司名と総員数を大書し、それ以外は小書するが、ここでは底本の体裁に従い、おおむね大書で示した。
18 織上　延喜中務式「機工」。
19 部　延喜中務式「炊部」。
20 御中　延喜中務式「御井」。
21 部部　延喜中務式「門部」。
22 主馬　延喜中務式「主馬署」。

23　又部　延喜中務式「工部」。
24　冬　延喜中務式「各」。
25　給　延喜中務式「須」。
26　丶去ゝ　延喜中務式「者云ゝ」。
27　官貞　小野年中「官奏」。
28　封及由　延喜民部式上「封戸及田」。
29　御皦　延喜宮内式「御躰」。
30　申臣　延喜太政官式「中臣」。
31　ト竜　延喜太政官式「卜竟」。
32　十　延喜太政官式「十日」。
33　浸土　延喜太政官式「候土」。延喜神祇式一に「侵土」、底本次項に「同日、侵土移事」などとあることから、「侵土」が正しいと推測した。
34　申臣　延喜神祇式一「中臣」。
35　問　神祇令義解「同」。
36　艮　神祇令義解「即」。
37　魄　延喜神祇式一「魂」。
38　駕　延喜神祇式一「加馬」。
39　而　延喜神祇式一「向」。
40　才　延喜神祇式一「之小」。
41　高　延喜中宮式「亮」。
42　向内省　延喜中宮式「向宮内省」。
43　解齋所、了歸本司　延喜中宮式「解齋訖帰本司」。「所」を補うのが正しいか。
44　散米・切米綿　延喜神祇式一「散米酒・切木綿」。
45　中宮　延喜神祇式一「中臣」。
46　厨子所　延喜神祇式一「御厨子所」。
47　宮内　延喜神祇式一「宮内省」。
48　延政　延喜宮内式「延政門」。
49　補　延喜宮内式「輔」。
50　八月　九条年中「一月」。
51　暦名　延喜式部式下「歴名」。
52　定目、御所司　本書八十一頁二行目および小野年中所引外記庁例に「定日、仰式部」とある。
53　鈴擬　延喜太政官式「銓擬」。
54　之次□　延喜太政官式「次唱」。
55　并大夫　小野年中所引外記庁例「弁大夫」。
56　朱雀門下　延喜神祇式一「朱雀門」。

57 所行　以下三十字、底本は大書するが、小書に改めた。
58 高　延喜中宮式「亮」。
59 奉令召　延喜中宮式「奉令令召」。
60 鬼神魅　神祇令義解「鬼魅」。
61 路　神祇令義解「道」、猪本・寮本は「路」。
62 瀑涼林色　延喜雅楽式「曝涼林邑」。
63 検授　延喜雅楽式「檢校」。
64 廿日　延喜民部式上「卅日」。
65 □京　延喜民部式下「運京」。
66 廿日　延喜民部式下「卅日」。
67 □□　延喜民部式下「納訖」。
68 者供者禊　延喜斎院式「先供御禊」。

新撰年中行事　下

七　月

1 承平　類聚三代格承和三年三月二十五日官符「承和」。
2 捴□　延喜式部式下「捴計」。
3 王已下　小野年中「王卿已下」。
4 若秦比〔欤〕　この三字は直前の「泰善」の「泰」に付された注か。
5 廣役　年中抄所引天長格抄は「廣設」、年中秘抄所引天長格は「應修」に作る。
6 文殊般涅槃經　年中抄所引天長格抄・年中秘抄所引天長格「文殊涅槃經」。ただし、文殊師利般涅槃経という経典あり。
7 惣　年中秘抄所引天長格「於一」。
8 堂損　年中抄所引天長格抄・年中秘抄所引天長格「堂塔」。
9 東善　類聚三代格「泰善」。
10 俗間　類聚三代格「俗官」。
11 夏　延喜太政官式「春夏」。
12 給　延喜太政官式「停給」。
13 一部　九条年中「一倍」。
14 三　九条年中「之」。

15　不引　西宮記四「不行」。

16　令史　延喜太政官式「命史」、九本は「令史」と記す。

17　徼　延喜式部式上「徴」。

18　左右　延喜式部式上「左」。

19　廿日、於大蔵給諸司馬料事　この項目は右傍に抹消符を付してすべて抹消されている。二行あとの「(十月) 廿二日、於大蔵給諸司馬料事」と重複するためであろう。

20　出行　延喜太政官式「出給」。本書の二行あとでは「出給」と書いている。

21　祖父長岡相府　底本は「祖父長」の三字のみ抹消するが、「岡相府」の三字も抹消と考えられる。

22　仁　類史・紀略「任」。

23　戊寅　類史・紀略「辛巳」。

24　豊樂殿　類史・紀略「御豊樂殿」。

25　不労音樂　小野年中「不擧音樂」。

26　平法才　類聚三代格天長九年十月三日官符「平等」。

八月

1　良　小野年中「即」。

2　差　政事要略所引清涼記「着」。

3　昨　本書二月上丁明日条「胙」。

4　斛　延喜太政官式「石」。

5　相前　延喜馬寮式「柏前」。

6　上日　延喜太政官式「十一日」。

7　大丞　延喜太政官式「大臣」。

8　廿疋、朱字　政事要略寮本「未字、廿」。

9　萩倉　政事要略「萩乃倉」。

10　新治　政事要略なし。

11　長倉・塩野　政事要略なし。

12　立樂　年中秘抄・紀略「音樂」。

13　一坊　年中秘抄・紀略「十列」。

14　粟字　政事要略「栗字」。

15　松字　政事要略「扸」。

16　事修　類聚三代格「事條」。

17　ゝ例　類聚三代格「之例」。

18　廿二日　類聚三代格「廿六日符」。

19 □業　類聚三代格「頂業」。
20 云丶　類聚三代格「表云」。
21 始度　類聚三代格「始試」。
22 廿□□　類聚三代格「廿三日」。
23 廿一　類聚三代格「廿七」。
24 其公　類聚三代格「基經」。
25 不忘秣蒭牽天　延喜馬寮式「各充秣蒭并牽夫」。
26 治尾　延喜馬寮式「沼尾」、政事要略「治尾」。
27 有封　底本「有封」。「有封」と釈読した。政事要略「有封」。寮本・陵本・集本は「封」と記す。
28 年起　戸令義解「年紀」。
29 舊　戸令「舊籍」。
30 年　賦役令「毎年」。
31 主計　賦役令「主計〻」。
32 采女・丁　賦役令「采女・〻丁」。
33 伍後　延喜民部式下「俻後」。
34 依同□南釋奠内論義　西宮記五「依南殿内論議」。

九　月

1 九月　撰集秘記、この前行に「或云、大嘗會年、可止御燈歟」との書入あり。
2 朔日、着朝座　撰集秘記はこの五字を欠失。
3 廢務　撰集秘記、この次行に「□四年九月一日壬子、日蝕云〻、廿五日丙子、□□經、若止御燈之日、以有件御讀經、已知不可止御燈之由了」との書入あり。
4 云　撰集秘記なし。
5 山城国・近江国　撰集秘記「山城・近江ホ國」。
6 各處　撰集秘記も同じ。延喜内膳式「各一處」。
7 上□者　延喜内膳式・撰集秘記「上臈者」。
8 匠可　撰集秘記「匠丁」。
9 參差　延喜内膳式・撰集秘記「參著」。
10 昇　延喜造酒式・撰集秘記「四升」。
11 壊取　延喜雑式「壊収」。
12 御帳得田　延喜雑式「除帳得度田」。
13 其奏可　撰集秘記「以可」。
14 下　撰集秘記「卜」。
15 應進　撰集秘記「追」。

16 亦卜食者　延喜宮内式・撰集秘記「亦用卜食者」。
17 宮内式　以下十一字、撰集秘記では頭書。「了」字なし。
18 造酒司式云〻　以下十四字、撰集秘記では頭書。「造酒司式」を「同式」、「聴省」を「聴者省」とする。
19 酒司式云　以下十三字、撰集秘記では頭書。「酒司式云」を「酒式云」とする。
20 □受　延喜典薬式・撰集秘記「請受」。
21 三日、御燈事　撰集秘記、この項目名の左右に「西宮抄、大嘗會・諒闇、無御禊云〻」、「斎宮式云、斎王參大神宮年九月、京畿・近江・伊勢不燈」との書入あり。
22 見御記　撰集秘記、この三字を右寄せ小書。
23 輕服朩人　以下四十一字、撰集秘記では頭書。「輕服朩人」を「輕服人」、「未御禊間」を「當御禊間」とする。
24 今月　撰集秘記「今日」。
25 国忌　撰集秘記「國忌事」。
26 件天皇　撰集秘記なし。

27 九月　撰集秘記・続紀「九月九日」。
28 九日早旦　撰集秘記「同日早旦」。
29 供菊　撰集秘記「供菊花」。
30 典薬式　撰集秘記「典薬式云」。
31 同日、宴會事　撰集秘記、この上に「小儀、大将已下亦准中儀、近衛黄花〔袍〕」との頭書あり。
32 神泉苑　延喜掃部式・撰集秘記「神泉苑」。
33 五月節　撰集秘記「正月節」。
34 観馬射　撰集秘記「視馬射」。
35 五月節　撰集秘記「五月」。
36 上件兩事　以下十三字、撰集秘記では分注。
37 為　撰集秘記なし。
38 前後有斎　以下三十四字、撰集秘記なし。
39 神式　撰集秘記「神祇式」。
40 斎　延喜神祇式二・撰集秘記「斎王」。
41 又云、斎王初參入云〻　撰集秘記なし。この九字は衍字か。
42 神衣祭　撰集秘記「神衣祭事」。
43 季　神祇令・撰集秘記「季秋」。

44　蓋夏　神祇令義解・撰集秘記「孟夏」。

45　神衣　神祇令義解・撰集秘記「謂、神衣」。

46　承和二年　撰集秘記、この上に「仁壽二〔三〕年、依僧都真済表、改日云〻、三月〔廿脱〕一日云〻、先年〔帝〕國忌云〻」との頭書あり。

47　得度之由　撰集秘記「得度之日」。弘法大師行状要集・東宝記など所引の承和二年八月二十日官符でも「得度之日」。

48　五条太皇后　撰集秘記「五條太后」。

49　今不見　撰集秘記なし。

50　天德天皇　撰集秘記「文德天皇」。

51　卅日　撰集秘記、この前行に「藏人式、晦日所司進御座及殿上并所司疊、一同三月」との書入あり。

52　法華會事　撰集秘記「法華會始事」。

53　始　撰集秘記なし。

54　若小月廿九日云〻　以下三十八字、撰集秘記では頭書。

55　大帳官事　撰集秘記「大帳進官事」。

56　寺斎　延喜神祇式二・撰集秘記「奉斎」。

57　二条院　延喜神祇式二・撰集秘記「斎院」。

58　幾内　延喜京職式・撰集秘記「畿内」。

59　下官符　延喜内蔵式「官下符」。

60　十二月英　初学記所引纂要「青英」。

61　前曰陽日　初学記所引纂要「亦曰陽月」。

十　月

1　養　延喜掃部式「所養」。

2　□□定數　延喜掃部式「孤兒定數」。

3　進送　延喜太政官式「集送」。

4　主税寮　延喜民部式下「移主税寮」。

5　須　考課令義解なし。考課令集解「須」。

6　若足　考課令「若是」。

7　謂、蝦夷之類也　この六字、考課令義解では「而招慰得者」の上に記す。

8　粁　考課令「折」。

9　虚流　考課令「虚注」。

10　召　延喜太政官式「召使」。

11　号　延喜造酒式「是」。閣本・塙本などは「号」と記す。
12　二枚　延喜造酒式「二殿」。
13　主計・税　延喜民部式下「主計・主税」。
14　官人　小野年中「宮人」。
15　全入春日　類聚三代格「令入春月」。
16　□奏訖之後　類聚三代格「断奏訖」。
17　判　延喜刑部式「判事」。
18　秋冬　政事要略所引断獄律「秋分」。
19　連者　政事要略所引断獄律「違者」。
20　望　政事要略所引断獄律「望・晦」。
21　連而決日　政事要略所引断獄律「違而決者」。
22　運者　政事要略所引断獄律「違者」。
23　八　政事要略所引断獄律「八十」。
24　不物　獄令「不拘」。
25　下氏大納言以下　以下三行分の行間書入は維摩会に関わる記事である（西宮記六参照）。二項目あとの「十日、興福寺維摩會事」の勘物として記述されたものであろう。
26　三巻　以下二十七字、底本では改行して大書するが、小書に改め、前行末尾「講維摩經」に続けた。
27　余念　延喜太政官式「參會」。
28　節念　延喜太政官式「節會」。
29　之　延喜玄蕃式「定之」。
30　立義　延喜玄蕃式「竪義」、九本・閣本などは「立義」と記す。
31　維摩・勝　延喜玄蕃式「維摩・冣勝」。
32　叙位者　延喜玄蕃式「叙滿位者」。
33　十一月　延喜馬寮式「十月」。
34　馬日二斤、〻別十斤二両　延喜馬寮式「馬日二束半、牛二束、〻別重十斤二両」。
35　用所一身　小野年中「用一労」。
36　大□〔哥〕所　以下は貼紙の下の記載。十一月中子日の大歌召人名簿のことを注している。記載場所を誤ったため、上に貼紙を張り、書き改めたのであろう。なお、同様の記載が、後文の十一月中子日「大哥召人名簿下所司事」のところにもみえる。
37　中務式云　以下は貼紙上に書かれた記載。十月二十日の宮人成選位記のことを記している。

38　位□　延喜中務式「位記」。
39　□請文　延喜中務式「官請受」。
40　同□　「同」の次の字、底本下部裁断のため残画が一部残るのみ。「日」か。
41　庶　延喜民部式下「炭」。
42　一年　延喜民部式下「一斗」。
43　省断　小野年中「有断」。
44　太子　小野年中所引貞観式部式「大哥」。
45　起百　小野年中所引貞観式部式「起自」。
46　立馬　三代実録「走馬」。
47　極解　三代実録「極酔」。
48　□月　延喜京職式「十月」。
49　装束行程　延喜玄蕃式「装束程」。
50　国〻　延喜馬寮式「国」。

十一月

1　自拝　延喜神祇式七「自朔」。
2　晦盡　延喜神祇式七「盡晦」。
3　致　延喜神祇式七「致斎」。

4　仙斎　延喜神祇式七「仏斎」。
5　害、蘭　延喜神祇式七「宍、菌」。
6　擵　延喜神祇式七「壙」。
7　二人　延喜陰陽式「具注御暦二巻」。なお、次行の「陰陽式、二弓」も参照。
8　蔵所　延喜春宮式「蔵人所」。
9　小治田朔　政事要略所引儒伝「小治田朝」。
10　史記　政事要略所引儒伝「右官史記」。
11　国史　底本ではこの下に一字、書きかけて抹消した文字あり。「四」と書きかけて抹消か。
12　正月　延喜馬寮式「至正月」。
13　半　延喜馬寮式「半分」。
14　□□　延喜馬寮式「互飼」。
15　弊帋　神祇令「幣帛」。
16　神祝　延喜神祇式二「神税」。
17　當了　延喜神祇式六「當年」。
18　祿　延喜神祇式六「賜祿」、九本は「禄」と記す。
19　使　延喜神祇式六なし。
20　若酒　延喜縫殿式「著酒」。

21　升日　延喜式部式上「十日申」。
22　暦名　延喜式部式上「歴名」。
23　中宮錄魂　小野年中「中宮鎮魂」。
24　神式云　小野年中「弘仁神祇式云」。ただし、同文は延喜中務式にみえるので、「神式」「神祇式」は「中務式」の誤りか。
25　死生　先代旧事本紀天皇本紀「死人」。
26　浄原　政事要略など所引本朝月令「浄御原」。
27　装料　延喜中務式「装束料」。
28　壊都　延喜神祇式二「壊却」。
29　掃部　延喜中務式「掃司」。
30　大炊　延喜中務式「火炬」。
31　内侍　延喜中務式「内侍司」。
32　治部丞・録　以下の十四字は、「辰日節會事」の勘物。空白部の関係で、「東宮鎮魂事」の下部にまではみ出して書き込まれたのであろう。
33　雅樂人属　延喜雅楽式「雅樂寮属」。
34　食村　続紀「食封」。
35　食村　続紀「食封」。
36　主　続紀「至」。
37　艮　延喜太政官式「即」。
38　国司　延喜太政官式「國司者」。
39　正親税　延喜太政官式「正税」。
40　在国司　延喜主税式「在國司者」。
41　四解　延喜造酒式「四斛」。
42　十一月卅日　延喜造酒式も同じ。国史大系本頭注は「恐當作十月卅日、或十一月十日、祭日在十一月中卯」とし、神道大系本は「十月卅日」に改めるが、式文としては「十一月卅日」でよいか。
43　不沽地子帳　「不沽」の二字は底本では「地子帳」の左上に書かれているが、左傍書とみなして、「地子帳」の前へ移した。延喜京職式に「不沽田地子帳、十一月卅日以前進之」とある。
44　寮奪　三代実録「奪」。
45　連期　三代実録「違期」。
46　連期　三代実録「違期」。
47　違勧罪　三代実録「違勅罪」。
48　決筥　三代実録「決笞」。

49　甘人　医心方三十所引養生要集「甘道人」。
50　□□　医心方三十所引養生要集「臚脹」。
51　於酥　新修本草「於羊酥」。
52　下野　延喜民部式下「下野国十四壺」。
53　六大　延喜民部式下「三大」。
54　淡路三、小、　政事要略に「淡路国三壺、並小一升、」とある。延喜民部式下に「淡路国十壺、四口各大一升、六口各小一升、」とあるのは誤りであろう。淡路国と阿波国を混同したことによるか。
55　日限　延喜民部式下「為限」。
56　次　延喜民部式下「随次」。

十二月

1　相模・武蔵　撰集秘記「相｜・武｜」などと省略的に記載する。この項目、以下の国名も同じ。
2　一云　以下十七字、底本では二行あとに大書するが、小書に改め、「進官」のあとに続けた。
3　个　撰集秘記なし。
4　位記析軸　この項目、撰集秘記では十二月条末尾近くに記載する。本書では一四二頁八行目にも重出。
5　位記　延喜内匠式「位記析」
6　原朴　延喜内匠式「厚朴」。
7　諸國非業博士　この項目、撰集秘記では十二月条末尾近くに記載する。
8　諸王京職移事　この項目、撰集秘記では十二月条末尾に記載する。
9　九賜時服王　以下三十六字、撰集秘記では前の記事に続けて小書する。
10　京式云　以下二十字、撰集秘記では前の記事に続けて小書する。
11　魂御　延喜神祇式二・撰集秘記「御魂」。
12　事　撰集秘記なし。
13　神祇官　撰集秘記「右神祇官」。
14　依仁壽元年　以下三十七字、撰集秘記では分注。
15　以〔改カ〕正月、十二日〔月〕内進　撰集秘記も同じ。九条年中「改月以十一月内進」、小野年中「改月以十二月内進」。
16　上□日　撰集秘記「上卯日」。
17　宣日　撰集秘記「寅日」。

18 云〻　撰集秘記「全条」。
19 若有三卯　以下の二十九字、撰集秘記になし。
20 䉼　撰集秘記「䉼事」。
21 式部式　撰集秘記「式丨式」。
22 官人　撰集秘記「官」。
23 云、一　撰集秘記「立」。
24 所例云　撰集秘記「所玄」。
25 殿上オ　撰集秘記「殿上〻オ」。
26 申オ　撰集秘記「中等」。
27 許又　撰集秘記「䉼文」。
28 䉼又　撰集秘記「䉼文」。
29 六人　撰集秘記も「六人」。
30 彳丨　撰集秘記「行」。ただし、「行」では意味不通。
31 然而　撰集秘記なし。
32 不置國忌　この四字、撰集秘記は小書。
33 天安三年　以下十三行、撰集秘記になし。
34 嘉祥　類聚三代格「嘉祥寺」。
35 諎　類聚三代格「諳」。
36 諎　類聚三代格「諳」。
37 諎　類聚三代格「諳」。
38 梵宗　類聚三代格「梵字」。
39 試字　類聚三代格「試定」。
40 丶　類聚三代格「之」。
41 傳　類聚三代格「轉」。
42 □中　類聚三代格「之中」。
43 廿日　類聚三代格「廿七日」。
44 云　類聚三代格「恐」。
45 基　類聚三代格「基經」。
46 云　類聚三代格なし。
47 丶　類聚三代格「已」。
48 申宮　延喜内膳式「中宮」。
49 壁書　撰集秘記「壁書云」。
50 早　撰集秘記「日十」。
51 仰　以下十字、撰集秘記になし。
52 秋　延喜陰陽式「九」。撰集秘記なし。
53 定　撰集秘記なし。
54 同省　撰集秘記「中務省」。
55 文　撰集秘記なし。

56 内侍　撰集秘記も同じ。延喜陰陽式「内侍司」。
57 蒲輩　延喜陰陽式・撰集秘記「蒲葦」。
58 云　撰集秘記なし。
59 京　撰集秘記「宣」。
60 其田帳　延喜京職式・撰集秘記「其沽田帳」。
61 不御田　延喜京職式・撰集秘記「不沽田」。
62 十一月　撰集秘記も同じ。延喜京職式「十一月卅日」。
63 才事　撰集秘記「寺」。
64 奏　撰集秘記「定奏」。
65 省解　以下九字、撰集秘記になし。
66 二月　撰集秘記「十二月」。
67 者　撰集秘記「有」。
68 延喜　撰集秘記「延木」。
69 給フ　撰集秘記「給へ」。
70 奉之　撰集秘記「奉也」。
71 令　撰集秘記「今」。
72 了　撰集秘記「畢」。
73 付　撰集秘記「時」。
74 奉　撰集秘記「奏」。
75 行事　撰集秘記「令行事」。
76 諸陵　延喜太政官式・撰集秘記「諸山陵」。
77 調　延喜太政官式・撰集秘記「調物」。
78 差文　撰集秘記も同じ。延喜太政官式なし。
79 為輔　延喜太政官式・撰集秘記「為補」。
80 又云　撰集秘記「入云」。以下九十五字、撰集秘記にもほぼ同文がみえるが、延喜太政官式にはみえない。大臣（太政官）が荷前使の五位以上を点定するという方式は弘仁四年十二月以前に遡り（類聚符宣抄四、弘仁四年十二月十五日宣旨）、小野年中所引弘仁中務式の方式「其使三位、太政官定之、自余省點、大舎人者寮差」と比べても古様の規定を残している。あるいはこの九十五字は弘仁太政官式を伝えるものか。
81 其使者　以下十五字は、延喜太政官式にみえる。
82 諸陵　延喜太政官式・撰集秘記「諸山陵」。
83 比曰　延喜太政官式・撰集秘記「皆」。
84 闕物　延喜太政官式・撰集秘記「調物」。

85 預　延喜太政官式・撰集秘記「預擇」。

86 弁官　以下九十字、撰集秘記にもほぼ同文がみえるが、延喜太政官式とは異なる部分が多い。このうち「天皇御便殿、礼拝奉班」の九字は、年中秘抄が引く「弘仁式」と一致するので、この九十字は弘仁太政官式を伝えるものであろう。

87 □蔵省　撰集秘記「大蔵省」。

88 儀　撰集秘記「參議」。

89 事　撰集秘記「庶事」。

90 常　延喜太政官式・撰集秘記「常幣」。

91 使　撰集秘記なし。

92 合　撰集秘記「令」。

93 儲　撰集秘記「諸」。

94 取先　撰集秘記「當日取先」。

95 令　撰集秘記「入之」。

96 山科、天智天皇　以下の頭書、撰集秘記では「十二月十三日、點荷前使參議事」の項目の頭書として、次のように記載されており、本書の記載とは小異がみられる。

山科、天智ゝゝ使 大納言、　山城国宇治郡、
後田原、光仁ヽヽ、使四位、
柏原、桓武ヽ丨、使大丨、山城国紀伊ヽ、
深草、仁明ヽ丨、使中ヽ丨、山城国紀伊丨葛野丨宇治郡、
後田邑、光孝ヽ丨、中納言定云ゝ、
後山科、醍醐、
宇治、村上母后、
今宇治、三條院母、改入尚侍殿、
元慶八年止、
田原、西春日宮 東白壁帝、
八嶋、崇道ヽ丨、大和添上郡、

97 八嶋、崇道天皇　撰集秘記ではこのあとに次のような頭書が記されている。

天長元年十二月十四日、定十陵中、但依大学博士伊与マ真貞等解、列柏原山陵下、抑同年去十月十四日、止國忌、至山陵・荷前猶存、以前符案、又可勘、

98 帳布　撰集秘記「帳布」、延喜典薬式「帳」。

99 請受　延喜典薬式「請受」、撰集秘記「請也」。

100　受領　以下十二字、撰集秘記では前条「中旬、補任帳讀合事」の分注中に記す。
101　前一・二　撰集秘記「前一・二日」。
102　内蔵寮　撰集秘記「内蔵」。
103　ー日　撰集秘記「之日」。
104　延喜例　撰集秘記も同じ。小野年中「延喜年例」。
105　仏名　紀略「仏名經」。
106　仏名　続後紀「仏名經」。
107　仏像　撰集秘記「仏像者」に作り、「貞観十三年」の前に置く。
108　蔵人所也　撰集秘記、この傍書なし。
109　博士・醫師　撰集秘記なし。
110　今来　撰集秘記「今年」。
111　進　撰集秘記なし。
112　進　撰集秘記なし。
113　ヰ　撰集秘記なし。
114　功過課　撰集秘記も同じ。「課」は衍字か。
115　蔵人　撰集秘記「大蔵」。延喜大蔵式に延暦寺定心院の正月悔過布施料綿を毎年十二月廿日以前に送ることが定められている。
116　出　撰集秘記「之」、西宮記六「出」。
117　諸宮　撰集秘記も同じ。西宮記六「猪宍」。
118　前式云　以下十一字、撰集秘記なし。
119　延暦寺　撰集秘記「始延暦寺」。
120　挂申　撰集秘記も同じ。延喜近衛式「挂甲」。
121　御輿長　延喜近衛式「御輿長歴名」、撰集秘記「御輿長暦名」。
122　三　延喜近衛式・撰集秘記「之日」。
123　物集　撰集秘記も同じ。延喜式部式上「惣集」。
124　點仕丁事　撰集秘記、この傍書なし。
125　造送之　撰集秘記「造満送之」、延喜兵庫式「造偹」。
126　大臣以下、親王　撰集秘記も同じ。延喜中務式「親王并大臣以下」。
127　預事　撰集秘記も同じ。延喜中務式「預事者」。
128　大寒日、立土牛童子像事　この項目、撰集秘記は十二月中旬の行事のあとに記載する。
129　析板　撰集秘記「新抄」。
130　陰陽寮延式　撰集秘記「近〔延〕陰陽寮式」。

131 於　延喜陰陽式・撰集秘記「立於」。

132 縣　撰集秘記「懸」。

133 差色　撰集秘記「青色」。

134 延式　撰集秘記「退式」。

135 儔　延喜陰陽式・撰集秘記「偉」。

136 銀鏤　撰集秘記「銀」。

137 請文　撰集秘記・西宮記六「造請文」。

138 同日、進物所請内膳御器事　前条と同内容。重複か。

139 數　撰集秘記「穀」。

140 下　撰集秘記も同じ。延喜馬寮式「官下」。

141 物　延喜馬寮式・撰集秘記「拘」。

142 神ゝ　延喜主水式・撰集秘記「神」。

143 一開開　撰集秘記「并」、延喜主水式「二井」。

144 癈　延喜主水式・撰集秘記「廢」。

145 九条殿年中行事ホ　撰集秘記「九年中行事ホ住〔注〕中務有〔省〕、是不止内藥之時儀歟」、九条年中「同日（晦日）、中務省進御藥事」。

146 粁　延喜典薬式・撰集秘記「料内」。

147 八省　撰集秘記「送八省」、延喜典薬式「送於八省」。

148 省式云　以下の「省式」（宮内省式）と「寮式」（典薬寮式）の引用、撰集秘記にはみえず。

149 目　延喜宮内式「式目」。

150 礼古　延喜宮内式「礼留」。

151 臘御藥　延喜宮内式「臘月御藥」。享保版本「臘御藥」。典薬式により「月」を補う。

152 褁　延喜典薬式なし。

153 五千　延喜典薬式「五十」。

154 同日　以下七十七字、底本では、次の項目「同日、封屠蘇漬御井事」を越えて、裏丁右端の空白部に書き入れられている。

155 藥　延喜典薬式「藥様」。

156 奉入之　延喜典薬式「奏之」。

157 中・□・兵　延喜典薬式「中・式・兵」。

158 狗　撰集秘記「持」、延喜典薬式「將」。

159 屠蘓　撰集秘記、この書入なし。

160 雖　延喜春宮式・撰集秘記「雜」。

161 打　延喜春宮式・撰集秘記「封」。

162　四斗五升　撰集秘記も同じ。延喜中務式「四斛五斗」。
163　女孺ホ　撰集秘記も同じ。延喜中務式「女孺ホ料」。
164　五石　延喜中務式・撰集秘記「五斛」。
165　位記新軸　この項目、本書十二月条冒頭部にもあり。
166　軸　撰集秘記「油」。
167　充行之　延喜中務式も同じ。撰集秘記「充之」。
168　文見　撰集秘記「又」。
169　今案　以下七字、撰集秘記は小書し、前文の「中務式云、其弓矢、就木工寮受之云々」に続けて記す。
170　此年　撰集秘記「今年」、続紀「是年」。
171　天下　撰集秘記も同じ。続紀「天下諸国」。
172　下総　撰集秘記なし。三代実録「下総」。
173　月令　以下七十五字、撰集秘記になし。
174　目　礼記月令「月」。
175　旁磔人也　この四字、礼記月令になし。前後の四文字を重複記載した衍字であろう。
176　又云　撰集秘記「同〔月〕令曰」。
177　目　礼記月令・撰集秘記「月」。
178　寒　撰集秘記なし。礼記月令「寒」。
179　日　礼記月令・撰集秘記「月」。
180　昇　撰集秘記も同じ。礼記月令「昴」。
181　厲氣鬼　撰集秘記「属鬼」、礼記月令「厲鬼」。
182　索室歐　撰集秘記「索毆」、礼記月令「索室毆」。
183　遂　撰集秘記も同じ。礼記月令「逐」。
184　除　撰集秘記なし。
185　是事　以下十八字、撰集秘記になし。
186　追儺分配事　以下十字、撰集秘記になし。

行成大納言年中行事

「（表紙）
一四四
一三、
年中
」

（1オ）〔四月〕
上貫
出居
藏人方事

擬階奏事、御南殿云々、短冊ハ与之、大臣〔唯カ〕

□〔上〕卿着陣座、召藏人、々〔ミカ〕

擬階奏候、可奏事由、

承仰了、參陣着膝突、仰云、

行ヘ、又説、出給万之、依例令行ヨ、又説、出給ハスナヌ、依例令行ヨ、

（1ウ）退還、頃之、上卿插擬文於文〔杖カ〕」

付藏人、乍文剌傳所奏、藏人奏覧了、

奏文於書杖、返奉上卿、仰云、聞食、

　九返奉書杖之時、可有用心、或

　於上卿衣前、多失礼節者、

□〔八〕日、御灌佛事、若遇神事、止之、

　裝束在式了、藏人立御布施物、上古錢二貫文、近代紙廿帖、内藏寮進之、積折敷・高坏、於東廂南第二間、中央少退東立、

女房之布施、近代入硯筥盖之、

（２オ）次出居着座、次公卿置施物於机上、件机立孫廂南第二間、為王卿・侍臣等布施机也、着座、侍臣守〔等カ〕次置施物、同机置之、次藏人傳取女房布施、入柳筥云〻、自大盤所出給、藏人二人舁、經殿上置之、置御布施物南邊、件布施、上古置几下机云〻、

次導師率弟子僧、自北廊戸參入、雨濕、入自仙華門、昇自長橋、着座發願、法用相兼、導師先三酌灌佛、舊記云、五杓云〻、導師先捧杓、乍立三度讃歎了、灌佛三度了、又讃歎云〻、次王卿・侍臣随次參進、就机下一酌灌佛、〻〻了合掌、一拜退去、非殿上・近衛將并小舎人、雖出施物、不開〔關〕灌列、或亦有仰灌佛云〻、結願之後、導師給祿、褂一領、或衾、但延喜九年、弟子僧二人各給襖子、同十年日記云、去年弟子僧給布施、依不例、今年不給、了僧・王卿・出居等退下、次下庇御簾、女房灌

（２ウ）佛、事了撤却布施等、差出納送御導師」住房、又御導師請書、令内藏寮進之、

給小舎人令催之、

布施事

古例、親王五百文、太政大臣無覧〔所見〕、問〔而〕承平七年、准左右大臣例、奉五百文、大臣五百文、大納言四百文、中納言三百文、散三位并參議二百文、四位百五十文、五位百文、六位七十文、童子五十文、

已上寛平八年定法也、先例、件布施錢、親王以下參議以上、不謂殿上・地下、雖身不參猶奉、而延喜以来、地下・王卿不參之時不奉、

長保五年以後獻紙、一位八帖、二・三位四帖、四・五位二帖、六位一帖、

（３オ）褁紙上各注名、或注」官姓朝臣、又外殿上・次將、雖奉布施不自置、藏人

扌傳取置之、九条殿年中行事云、不參者不奉、

灌佛道事

入額間、跪机前、搢笏膝行、取杓、（黒漆杓歟、）酌東邊鉢水、（東邊鉢二口也、先酌南鉢、若水盡、酌北鉢水、）灌佛一杓了、而礼佛一度、了把笏左廻、出自初間、或説、入自南間、（佛面間也、）出自北間、（額間也、）不令劔礙柱云々、侍臣經簀子敷參進之、六位不必盡人數、一両人可參歟、」

上卿・近衛將之外、不可取笏歟、

（3ウ）導師祿事

頭・五位藏人等取被之、若共不候者、出居次將取被之、但導師為僧綱者、或上卿取給、

諸司

内藏、（作物所申請米十五石、請奏下上卿、自大炊寮請、同所申請絹二疋三丈、手〔作〕給布二端、紙二帖、已上山形帳料、作物等料、）

書司申請五色水料桶五口、杓五柄、白米三斗、茜黄檗移花、（已上書下、）御布施紙廿帖、（積折敷・高坏、）導師祿大掛一領、

圖書、磬、散花机二脚、花筥、覆鉢大一口、小四口、杓四柄、　書司女官、（五色水、）」

（4オ）

木工、布施机、　内匠、柳筥、
主殿、御浴、　作物所、佛臺、山形、種々作物等、
左右衛門、沙、　藏人所、雑丹、糸松葉析、

賀茂祭事

先禊日二日、斎院別當・弁攣陰陽寮到河邊、點定其地、付藏人奏聞之、

禊日早旦、召王卿及山城・近江等國牛、王卿牛、召家司仰、山城・近江國、給所牒、給彼院、兼祭日、同用之、又御覧所陪從、遣彼院、」

（4ウ）中未日、御覧左右寮御〔馬脱カ〕馬、撰定女騎析之、

先祭二日、少納言付内侍、奏可祭斎之文、

先一日、大臣若納言已上、令内侍奏可警固之状、内侍不候者、付藏人奏之、着陣座、召仰諸衛、雖使止、猶有、

又明日、斎王還院之後、解陣、同付内侍奏了、解之、

當日早旦、内記書宣命、付内侍奏覧之、令給内藏使、

當日巳一尅、使等參入、着内侍所、奏罷向祭逓之由、即給祿、出御南殿、御座南庇額間、立大床子、後立屏風、

(5オ)覧男女使・被男〔馬〕及従者等、入自日華、出自月華、更帰東、或不返直出了、上卿・出居等」候之、或於清涼殿東涯覧之、近代女使等參陣頭門外、即給祿　近衛使或召御前、一如其日使、

昌泰三年、近衛府使仲平〔藤原〕朝臣參入、依内侍不候、不給例祿、

天暦八年、祭使出立所垣下、殿上人・諸大夫巻纓、着鈍色衣云〻、使近衛等白袴、付木太仁、承平元年、近衛等着青摺袴、共是諳〔諒〕闇間也、」

(5ウ)郡司讀奏藏人式部丞事、

近例無御出、上卿着陣行之、上卿入讀奏擬文、於覧筥入擬夕〔文〕、筥盖ハ令候所云〻、後日随彼省請給之、令持丞參弓場、至無名門前、丞藏人丞事、他下如例、暫獻筥於上卿、上卿西面立、了更立向上卿、丞東面、〻〻以筥給丞、〻取筥昇自小板、小板敷南地退東脱靴昇云〻、隔上卿之日〔目〕、為礼節也、又抜笏、暫納小板敷東端疊下者、秘説也、奏覧之、揷腰着靴、随上卿後退還、至陣頭云〻、良久上卿重參来、令奏點定擬文、御覧了返給、是藏人丞本着本職一身両役也、為」(6オ)厳重事云〻、

五月

早苽事

五日、内膳司獻早苽二折櫃、無瓜獻花、無花獻葉葛、為備例供也、但初置御膳棚尓、後御膳宿取之、

一折櫃、着〔差〕内竪、送常住寺、即奏事由、仰云、依例遺〔遣〕等〔寺〕、

延喜十一年記云、即着〔差〕内竪、奉常住寺、故實也、年来漏忘、今始行云々、」

一折櫃、留之供之、

（6ウ）

御馬走奏事、御馬走後朝、

早旦寮官、允也、挿奏文於板文刺、付藏人、々々出會、殿上口、拔取奏文、不取寮文刺云々、但藏人如問着馬場之近衛次將及寮頭・助名云々、若有顧問者、為備申也、更挿頭〔殿歟〕上文刺奏之、此奏不廻時尅奏之、朝候布袴之次、可奏之、覧了返給、入日記辛櫃、或可置御厨子歟、奏了之由告、久令退去、

昌〔菖〕蒲及藥玉事

早朝、書司供昌〔菖〕蒲二瓶、居机二脚、小筵一枚、為下敷、立孫廂南第四間、

糸所獻藥玉二流、撤茱萸、改付之、南頭亦同之、」

（7オ）
賑給施米事
賑給使、兵衛・〻門佐以下志以上、馬助以下属以上、但施米六月給之、以校書殿衆為使云〻、
賑給使着文《〔差〕》、上卿令持外記、付藏人奏之、是納言事也、大臣ハ於本座、召殿上弁若藏人、被奏之、即返給、

六月

朔日、内膳司供忌火御飯事、居折櫃・高坏、藏人束帯、置供之、
（7ウ）
御大盤一脚舁欤、陪膳・益供一人許也、供了」不奏、直觸女房云〻、又罷不便者、或候之、
延喜十年六月一日云〻、供忌火御飯之、昨日内膳司申云、済景《〔淑カ〕》舎死穢満今月六日、然則有穢之時、件御飯供不之由、検司中舊記、曽無所見、随處分可進退者、檢舊例、雖有穢、不停廢、仍令供之、

御躰御卜事

上卿付内侍奏之、内侍若不候者、付藏人奉之、仰云、依奏行へ、小野宮殿、付（8オ）内侍、」九条殿、付藏人云〻、

御躰御卜之間、不得奏授・封戸及田事、十二月准之、

六月朔日卜始、九日卜畢、十日奏云〻、奏覧之後返給、即藏人取之、置置物御厨子上層之云〻、

十一日
神今食事

戌二尅、行幸中院云〻、

當日早旦、仰出納、書出侍臣并女房名簿、令小舎人遣神祇官、令卜小忌合否、（8ウ）職事及必可供奉人等、皆注告」合不、注今合、是彼官所存歟、但十一月新嘗會、前一日遣之、為青摺用意也、

主殿忌火御燭之時、不合小忌侍臣等退下、御浴之後、欲出御之間、供之、

御幘ハ藏人於中院、召内藏寮令奉之、造紙、入折櫃一合、居高坏一本、

御殿祭事、神祇官人參来供奉、先清凉殿所〻、次後凉殿、次南殿也、留守藏人取脂燭、相共令供奉、但南殿不行向、官人直向參之、若不出御中院、猶在御

藏人頭・理御髪・供御浴人等、不載卜例〔列カ〕云〻、

（9オ）殿祭、又他所經宿行幸」時、同祭之、

明日供直嘗御粥・解斎御手水云〻、

晦日節折事

時尅、節折藏人參上、晩頭、縫殿寮獻荒世・和世御服、着御之、着節折御座、先是、女房候御釼、御湯殿供之、御湯殿供之、神祇官奉御贖物、次東西文人獻祓刀、次金壷、了後、諸司罷出、即撤御装束、後月准之、

七月

七日
乞巧奠事」

（9ウ）十五日
御瓫事

有常儀、但内藏寮進御瓫送文、挿板文刺、奏聞之後、御瓫等奉置御前、下東庇御簾、置孫庇、御拜之時、捧持給云〻、返給、可副〈運〉御瓫之、

近代、件送文不奏、返給、寮官副御瓫送寺家也、件送文月日下、不官人署名

云々、

廿七日
相撲事

以七月十日、為相撲人參期、若遲期、一倍於其數、令候獄云々、期日參上、
(10オ)近衛次將奏其由、即」召寂手御覽、或於御前給蜜瓜、
先十余日、有召仰、上卿於陣座、召次將仰之、次將隨召、仰近衛・靭負・兵衛等官人、有樂年、召仰馬寮、可延引・停止之、〔時脱カ〕外記召仰、停止之時、或次將奉之、
相撲人・樂人、可補近衛者、次將早旦修奏文奉之、御畫聞返給、帯頭藏人之次將奏、若無者、付藏人奏、件奏、若左相撲人數少者、右奏過此日下給、仍近例更不進奏云々、稱府生補近衛、直令供奉、或有咎云々、」
(10ウ)犢鼻褌布進請文、即藏人奏下之、
御出之後、量程供御膳、御厨子所、御座西邊立置物御机二脚、其上立御臺二基、上卿・陪膳候、今日御膳、不稱警蹕歟、

次撤御膳、供御菓子・干物〻、太子參上之時、同給其膳、
蜜瓜給王卿拔出日歟、者、晩頭、王卿移居南檻、此間、撤帳莚、近衛次將以酒・熟瓜等給王
卿云〻、次將就母屋簾下取之、居長押上云〻、又於長押上勸盃、舊例、或取
(11オ)衝重、出自簾中」勸盃、又如此、頗無便宜云〻、
件瓜、藏人仰御厨子所、令調備而已、作瓜之樣、有說云〻、

八月

釋奠内論義事

出御南殿、内侍召人、王卿次第參上、出居將・侍從〻入自日華門參上、着座、
北向、次上卿召内豎、令召博士等、〻〻〻參上、着座、南簀子敷、立床子、論義、直講以上、〻卿召之、得業生以
下、博士召之、(11ウ)了博士等退下、次」王卿・出居退下、還御之後、藏人於敷政門外、五經
博士以下給祿、
此日、所司誤不置如意者、令出居將置之、有例云〻、御簾下答者座茵左方

置之、又少將取祿出、敷政門外給之、近代、無少將取祿、

祿事

博士衾一条、助教・直講襖子一領、得業生及学生等綿一連、並召内藏、博士以下在敷政門外、北上西面立、藏人立左青瑣門内、行事之出納一人、相副祿物、（12オ）在敷政門外、」左近將監以下、取祿須行、無御出之時、同於此所給祿、退出、

延喜十七年八月十一日記云、六位助教・直講各給絹一疋、此祿先例給襖子、而此般依無襖子、以絹代之云〻、

駒牽事

出御南殿、御覧、令分取、或於仁壽殿東逹御覧、或不御覧、令分取、上卿以（12ウ）解文、付藏人奏之、入覧宮、返給、逗留副〔解カ〕文、留御所、若不御者、上卿奉」仰、令分取、或諸司不具之時、只推分給、或於建礼門前分給、或於中重分給、

引別使事、御南殿者、次將奉之、自余藏人仰之、

上皇引別、使次將奉　勅參向、帰參、奏復命、若給祿〻、以左右手捧了、懸頭舞踏、把笏一拜、退出、

東宮引別、南殿分取之時、若有宮司者出取、又或給主・馬首共不候者、次將參向之、給祿、只再拜退出、奏復命、

親王牽分

太政大臣引分

信濃御馬事」

(13オ)上卿先着左衛門陣云〻、出御南殿、御覧如例、取十疋了之比、上卿仰云、志末之、取手退入、次諸卿下殿給之、其遺又取手等出取之、給馬之人於櫻樹西南拜舞云〻、

上野御馬事、廿八日、諸牧五十疋、

出御南殿、以南庇西第四間為御座間、次將候御劔云〻、次將召王卿、經殿後、入宣仁門、召之、王卿經階下參上云〻、取手等各取五・六疋之比、上卿仰云、暫之、取手等退帰、(13ウ)上卿示侍臣、」取之、王卿以下小舍人以上取之、或隔年給之、或有連年給例、并給信乃御馬之日不參公卿以下給之、殿上人出自殿西方、出自月華門、地下出自殿東、出日華門、給馬之人等、取所一拜引出、事了、參弓場殿拜舞云〻、王卿一列、四・五

位一列、六位一列、非殿上者在此中、但小舎人不枉〔預〕、觸穢之次將、依召參不着座、於陣外分取、有其例云〻、又寮頭・助不候之日、左右共止、令次將取之、或次將一人与頭・助一人取之、近例也、」

(14オ)
九月

九日重陽宴事

出御南殿、召文人令獻詩云〻、講詩之時、次將就北御障子戸下、秉脂燭、藏人仰主殿・女孀等、預令候、相分御座左右侯之、

若無御出者、於宜陽殿西庇、王卿以下侍従已上、給菊酒、事了、進見參、

早朝、書司供菊花二瓶、同昌〔菖〕蒲、

藥司獻茱萸、同藥玉、」

(14ウ)
伊勢奉幣事

常八省院云〻、若無行幸者、出御南殿、有御遥拜事、其儀、下南庇額間以東御湯殿莚道、

御格子、東一間不下、供御座間也、但他説、除額間及東一間外、皆悉下、同廂東一間供御座、小筵二枚、上供半疊、未申・丑寅妻敷之、其後立大宋御屏風二帖、同上妻立之、以二帖立成八枚云々、屏風上度綱、々末以鎮子襲置、為不候御屏風也、但他説、立御屏風三帖、東北三面、入御之時、少開西御屏風北端、令掃部女官懸御帳帷、御装束了、出御、候御笏・御挿鞋等、入御々座所、御遥拝了、還御、仰左近陣、不令往反雑人於日華門邊、

御物忌之時、於壇間、有此事、

(15オ)

或書云、九月十一日、奉幣伊勢大神宮、「天皇」着神態御服・無文御冠・縑御袍・同下襲・平絹上御袴等、自余如何、

十月

朔日更衣事、冬、

御帳二基、晝夜、帷十六条、八条五幅、八条四幅、各長一丈、

御几帳帷等、四尺六基、長六尺、五幅、三尺二基、長五尺、四幅、

壁代十四条、十二条、廣一丈、長九尺六寸、二条、廣四尺五寸、長同上、

御座等、御上莚一枚、冬時不必召、但可儲、

晝御帳、緷綱端三枚、同御座、同端二枚、御茵不必改、」

(15ウ)夜御殿、御帳析、高麗端三枚、前敷析、同端二枚、邊敷析、両面端四枚、措筵敷満之、又更衣以後、暫有召夜御帳析、厚廣疊二枚、高麗、

朝干飯、高麗三枚、両面四枚、御拓御櫛床析、緷綱端一枚、

御装物所、高麗端二枚、

殿上御倚子敷物、高麗二尺、切円座為下、不用薦、

殿上下侍所等析疊、内藏獻之、

殿上垂幕、内藏獻之、用舊年、不必改之、

掃部寮請奏、前一月奏下〔日カ〕、上卿参薦、自所給内匠炭櫃、大盤所・殿上、

主殿御殿炭、自今日至明年三月晦、存式、」

(16オ)藏人町析、板火櫃、召仰行事小舎人、并御火櫃給畫所、令畫之、箸七、内

匠寮召仰、所衆多〻廻催、掃部女官多〻召、

亥餅事、俗説、

初亥日、内藏寮進殿上男女房析餅各一折櫃、十月、

射場始事、（御簾不懸、只立御屏風於御座後、及其南間東端、又不立幔云ゝ、自余如賭弓、）

御射席事」(16ウ)

無御射者、依仰、先令撤之、藏人二人舁出之、不着履云ゝ、

召能射者事

先召侍臣能射者、令試射之、御射席未撤者、不着沓進射之、次依例賭射之、

御的懸替之、

所掌事

定殿上中將・外衛佐一人、為其人、若有失礼、所掌記之、後日令贖之云ゝ、

所掌取副簡・硯於弓、（硯入柳筥、上置弓之、上置簡之、）出自侍方、左廻乾向、居上卿前、置弓・硯等、取簡候、随上卿定、書別前後射手・」(17オ)念人等、（射手先注懐紙、一定後書簡、）但度數・蔓〔募〕物随仰書了、取簡、（不取弓、）進御前、乍持經御覧、訖右廻復本座、（往年、於的付座北邊唱、近例如此、）先召射手、（詞云、前の方其ゝ、後の方其ゝ、或説、後方云ゝ、雖非故實、亦非故實、（衍カ）亦非無所據云ゝ、）各稱

唯、所掌入、射矢〔手カ〕自召、自稱唯、訖仰云、裝井〔へカ〕、同音稱唯、次讀度數・募物、多用枸櫞、次讀念人、前其〻、念人不稱唯、後其〻、唱了、取副弓・硯等、左廻着的付座云〻、所掌入射手者、代他人、侍臣堪事者、起座射之、各射了、所掌取箭・硯等、還入便所云〻、箭可見上卿、而近来直入云〻、」

(17ウ)懸物・射分等事、共内藏寮獻之、

懸物、藏人取之、出自侍方、經弓場東砌外南行、結付殿巽角柱、西面柱上五許尺歟、件物付枝、以枝對面、

射分、藏人二人舁机、立同柱南方之、東西妻立、或南北妻立、或弓立、件柱坤角云〻、

后宮被獻懸物、女裝一襲、同柱結付、唯内藏懸物之下方、件懸物、兼日所被仰也、

勝方毎度後塞、進自殿東至柱下、引落射分錢一貫、置机下還入、

腋御膳事」

(18オ)御厨子所供之、陪膳候堂上益供、就御厨子所東戸下取之、經殿上、下自小板敷、通無名門之間、稱警蹕、至射堂北長押下天、懸膝天、授陪膳人云〻、

内藏給王卿・侍臣饌、王卿衝重、藏人等役之、出居座、所衆役之、

中科者事

有中科人者、上卿令所掌奏事由、奉仰令召其人、所掌、於初唱之所召之、其人稱唯、參進、所掌」進取懸物給之、給者乍居一拜、退還、或中科人自進給之、若無中科者、或又令射一度、給中秀者、両人中科之時、不給之、或相分給之、或以其両人、更令射一度、若一人中科、一人過科、給過者、但科事、隨射且定、寂初皆四、毎射取懸物、增其員、儒者不堪者、或注人、或說云、賭射出居三度、中科者增科、御前者一度增之、

(18ウ)

勝方事

依小員、定勝負、異近衛府例、小員的者、依度員云ゝ、勝方王卿・侍臣於」出居座南再拜、西面北上、參議以上一列、四・五位一列、六位一列、念人不張弓、皆腰矢云ゝ、延長以往、於射場之南拜之、西上北面云ゝ、

(19オ)

初雪見參事

初雪之朝、藏人等奉仰、向諸陣・所ゝ、宿衣・束帶、只隨其剋、取見參奏覽、各給祿、召大

女官布云々、

藏布・内藏絹等給之、

(19ウ)女房・藏人、各絹一疋、主殿・掃部女官、信乃布各四端、下部二端、御厨子所得選、絹一疋、刀自、各布三端、

御厠人長女・同女竪、各絹一疋、各布三端、下部主殿官人・〻〻代、各絹一疋、同史生・案主、各布四端、同全〔今〕良、布各二端、諸陣府生已上、絹各一疋、番長、布四端、舎人、布各二端、

十一月

五節事

子日、參内、

丑日、帳臺試、常寧殿、寅日、御前試、清涼殿、卯日、新嘗祭行幸、中院、

(20オ)辰日、豊明節會、出御南殿、

大哥垣下事

大歌垣下

子日夜

某朝臣四位、ム五位、ム五位、ム六位、

丑日夜

某朝臣四位、ム五位、ム五位、ム六位、

書了、押小壁、已上常寧殿云々、寅日不着、御前試也、以候殿上、侍臣等遞令勸」盃、自長橋下云々、所衆入自仙華門益送、卯日亦不着、依出御中院也、辰日又不差〔着〕、依出御南殿也、亥・子・丑日、以侍臣堪飲者四・五人、前日着至之、又子・丑日大哥、先例、遣小舎人召之云々、

(20ウ)

十二月

御佛名事、上古、自十五日至十七日修之、而仁寿三年十一月十三日右大臣〔藤原良房〕宣、宜停前日定、改定十九日至廿一日三ヶ日修之者、〔自脱カ〕

御導師事

御導師・次第僧等、前一日、頭於御前書夾名、賜内藏令請用之、即寮進」請書於所、随令廻催之云々、

(21オ)

御導師従僧二人、次第僧四人例、

延長三年、康保元年、

御導師禄、導師、掛三領、襖子三領、并三ヶ夜、各一領、次第僧、袈三条、三ヶ夜、在内侍候所、

王卿・侍臣取給之、堂童子・五位藏人進内侍候所、取之授王卿、

御佛名夜、御導師新任者、頭奉勅、就」一御導師座邊、仰之、新任者即起座、加導師列、或豫書請書、下給之、

（21ウ）

權御導師或無、
仰御導師事

先令打鐘、次向僧在所、仰之、昔候南廊外西南宿所、三ヶ日夜不退出、即給僧供食云々、近代、當夜參集建礼門邊、待藏人仰、藏人令小舎人二人、取脂燭左右前行、出自永安門、或出自西陣南行、立南廊砌外、東面、僧等相引對立、

雨儀、立壇上仰之、

西面、藏人仰云、頗微音、

（22オ）

初夜、御導師某大法師、従亥二尅至子」二尅、後夜、御導師某大法師、従子三尅至丑四尅、唄某法師、散花某法師、

或云、法用ハ依次仕礼、又説、法用ハ中尓定申せ、
第二夜云々、有半夜、御導師、第三夜云々、已上時剋、可注、

出居事

殿上次將不具劒・笏、已異他出居云々、但地下次將參上者、可帯劒也、又名對面之時、下地〔地下〕次將稱殿上六位之後云々、」於出居座、勸酒肴於侍臣云々、或云、勸王卿、而近代不具此例、但御導師中堪言談者、若依急退下、還參之時、留令飮酒、非無先蹤、

（22ウ）

給火櫃事

法用之後給之、侍臣ハ兌火云々、

桃火事

六位藏人二人、上﨟一人、持燈心前行、加燈心桃火、下﨟一人持油瓶、後立入油、油瓶頸、以帖紙纏取之、故實也、又燈臺」下打敷、先搔却、高跪入油云々、

（23オ）

口傳云、上古、浮燈心紙燈樓、火付燈之時、上卿召男共令撤却、而非以手可、已無為術、只引落了、帖膝〔消鑠カ〕了云々、火滅了、後左右〔消鑠カ〕了、但近代以細鐵筋帳稱云々、孫庇燈樓、或三所懸之、

次第

一、壇間、燈樓、二、御帳巽角、燈臺、三、南懸曼陀羅東、燈臺、四、同西、燈臺、五、母屋南二第〔間カ〕、燈臺、六、帳坤角、燈臺、七、帳乾角、燈臺、八、南竹形、燈臺、九、北竹形、燈臺、十、帳艮角、燈臺、十一、東庇南第五間、燈樓、十二、孫庇南第五間、燈臺、十三、同庇南第三間、燈樓、

夜御殿南戸前、立燈臺一基、炷火、件燈臺随召立云々、而近年不待仰

(23ウ)

立」之、又出居座前樋下、懸燈樓云々、

　已上二条、無式文、

又説、

先壇間、次帳乾坤角、次母屋南二間、次南之曼陀羅西、次同東、次帳巽角、次南竹形、次北竹形、次帳艮角、次東庇南第五間、次孫廂同間、次同庇南第三間、

給被綿祿事

或云、次第供綿、六位直被之、不如待五位藏人来云々、

（24オ）

取奩次第、先艮、次巽、次坤、次乾、

（24ウ）

第三夜、誦錫杖文之間、被綿於導師已下」次第僧已上、其儀、五位藏人一人、六位二人、經孫庇就内侍候所簾下、内侍即二筥盖盛綿出之、六位二人、各取一盖、五位藏人進就導師礼盤下、六位相従之、五位取綿被導師、此間、六位一人經上卿座前進、至次第僧座下留居、五位随来取綿、被次第僧了、相引自上卿座末下孫庇、五位出殿上方了、六位持筥盖、自孫庇行返、内侍或持出殿上、自西方返送、或明旦返之、

行香事」

結願之後、王卿・侍臣、王卿不足者、侍臣加之、行香、堂童子六位、青色着、度孫庇北行、入自額間西、進就机北方、不背御前云々、或説、件机頗靡、乾巽妻立云々、是分奩之間、不後御前故也、取奩分行王卿、丶丶行香、即堂童子取火虵、随後受香矣、王卿如初列居、南面西上、堂童子經王卿前、進就机下、如初、先置火虵了、次々傳取奩置之、王卿退去、堂童子自本道還去、

名對面事

追犬使、差小舎人二・
三人、兼令守上卿沓、
至退出之時、令試候之、

（25オ）

王卿參上御前之時、先留跪侍東戸前、出居」問、之曾〔多〕、微音、猶可聞御前、王卿稱名、參着座、相連參時、問寂初人、不必次之人、但相後參者、雖一人又問、事了、出居於侍臣座、孫庇也、問云、誰〻加陪留、王卿・侍臣・藏人所・瀧口等各稱名、退去、六位加姓申、非殿上・次將者、殿上六位謁了後、可稱也、

夜行官人奏時剋事

三箇夜之間、左右近衛官人夜行者、進御前奏時尅、又大將候者、府生申宿候由於次將、〻〻告大將、〻〻或立橋上、乾向〔向乾〕与奪之、」大將不參者、次將弓場殿与奪之、先問可向也、

（25ウ）

栢梨事

中夜、左近陣羞栢梨於王卿・侍臣、近例於殿上羞之、是以彼府所領栢梨庄地利、所造甘糟也、

御厨子所供御菓子、用御臺、女房析、近江餅一荷、雜菓子各一盛、獻大盤所、

盛中垸、安盤一枚云々、

荷前事、大神祭後、立春前行之、」

（26オ）

前一日夕、藏人奉仰、向縫殿寮荷前殿、監臨調備幣物事、當日時剋、幸建礼門前幄、無鈴奏、上卿不候、還御之時、一人候、奉荷前幣於諸陵使等、舁荷前幣机參来云々、御拜、御笏・式・御匣等候、了舁出、即以還御、雨湿之時、御宜陽殿西庇、或於弓場殿供奉之、使納言以下、參議已上云々、有障ハ兼之、又有小使五位、次官稱也、

十三日、點定使等、差文奏之、若常〔當〕神事、不可奏之、」

（26ウ）

御髪上事

木工寮獻八足机一脚、内藏寮獻案覆絹一丈、及女官頭褁析絹一丈云々、入夜、内藏官人令舁八足机、參腋陣、爰女官等給出御髪、入櫛筥、自大盤所給、授官人、丶丶以御髪筥置案上、以絹覆結之、舁出自北陣、内侍・女藏人ホ相具、兵衛・々門吉上等帯弓箭前駈、主殿挙火前行、追前行事侍中、相共向主殿寮令供奉之、寮内立輕幄、藏人着幄座、内侍等不下自車、女官褁首捧幣帛、」

侍臣等、以華〔葦〕矢挿弓射之、方駈逐甚急也、

(27オ)

聊以祝詞、上御髪、此間、寮勧直合酒於女官等、事了帰參、

晦日追儺事

亥二尅、出御南殿、陣立、云〻、闈司奏、開承明門、陰陽師候南涯、儺入自承明門、攣来殿前、陰陽師奠祭、讀咒文了、儺懸〔擊カ〕楯、祭〔發カ〕儺〻之聲二〔三カ〕度、即以還御、儺入自仙華門、經清涼殿東涯、出自北廊戸、

近代無御出、或偸御南殿、御覧逐電、還御、〻〻之時、御後侯人、誤行逢方」相、為忌云〻、可用心也、

(27ウ)

追儺分配

御殿内、某、、、

巽角、某、、、

坤角、某、、、

乾角、某、、、

艮角、某、、、

四角、或起自巽、或起自艮角、字或不書、又四角前書、次畫〔書〕御殿内云〻、

書分配、當日早旦、押小壁、事了、早以放弃之、」

(28オ)

但差充事、御殿内強壮人、日記辛櫃方老者、御湯殿方有無之者、是稱

追儺之由、實早以退出者也、

紫宸・仁壽両殿、雜色・所衆等追儺云〻、御殿每間、白木燈臺立柱之、

今夜主殿寮油三石云〻、」

敍除拾要

「(外題一)

幕下被命云、此書本故忠宗(藤原)卿職事之時、
得被與比校了、
自抄出云〻、

奥書　以右大將(徳大寺)公能本書之
保元二年正月
蔵人權右中弁(藤原惟方)　花押

『甲十七』(朱書、下同ジ)
敍位任官例書（除拾要）
蔵人權右中辨藤原惟長(ママ)筆
端闕
壱巻

『綴合コノマヽ』
」

「(外題二)
敍除拾要」

（前欠）

（1紙）

撰申文之時、有付帝王御名之者、可返却之、

院宮・公卿二合申文者、入未給束、右府（藤原実資）命云、別可付短尺、

院宮・公卿二分代申内舎人者、申舊年給代者、入舊年束、申當年給代者、入當年束、

院宮・公卿名替國〇共可替之由者、可入國替束也、

敍位・除目時擇申文事、

『敍位除目時撰申文事』

院宮内官未給、

院宮未給、

院宮名替、

院宮國替、

院宮更任、

院宮當年給、

近代無此束、入未給束云〻、
院宮二合、或入未給束云〻、
一品入公卿給、准后雖无品、入院宮、
一品東宮、入此中、
公卿當年給、
公卿未給、
公卿名替、
公卿國替、
公卿更任、
公卿二合、或入未給束云〻、
（2紙）
男〻《女》親王、入此中、
中大夫外記・史、
中外記、

申史、

申民部丞、

申式部丞、

申左右衛門尉、

申式部録、

申民部録、

申某官、

申八省輔、

舊吏、

新叙、給官之後、辞退之輩、入舊吏束、

別功、

諸司、

申六位受領、

所司奏、

所〻奏、

諸道挙、若明法挙數多、可別束欤、

連奏、神祇官・陰陽寮・二寮、

文章生一、

文章生散位、已上二、有〇外記勘文、

諸道得業生、有外記勘文、

（3紙）

已上、付短尺、

瀧口、

藏人所、

已上、勞勘文之時、頭仰出納、令奉勘文、

出納、

其官〔院カ〕臨時被申、

其官臨時被申、

其官親王臨時申、

其大臣臨時申、

其納言藤原朝臣臨時申、

内給、

臨時内給、

其無品親王臨時申、

已上、袖書、入御硯筥蓋、置御座前、入闕官之筥、

御硯筥等、同並置御座前、

院宮・公卿二合之代申内舎人、舊年給代、入舊年束之、當年、入當年束云々、

又申名國共可替之由、入國替之束云々、若院宮并公卿前年臨時申任諸國掾介、後年申改名、若國申文、可入名替若國替束、以任少將〔掾〕之人、申改大掾之申文、入更任之束云々、

任符返上申文、別可付短尺云々、右府（藤原実資）命也、其文云、任符返上、

初日、撰外國、

次日、内官、一官闕入七・八人、不叶前例之人不入、

自餘為大束、随召奉之、大略各結別、有召之時奉之、不然早難求得云〻、」

（4紙）

『於陣被行臨時除目時儀事』

於陣頭有臨時除目之時、奏申文等之後、擇

結付短冊等、備叡覧、被下之時、取却短冊等

下之、申文多可結、不然不結、

已上、除目時事、

『弁・少納言申加階申文入外記筥事』

辨・少納言申加階、申文人(衍カ)、入外記硯筥、

『弁官已下勞加階年限事』

従五位上、勞三年以上、上下〔正カ〕、五年以上、従四位、三年以上、弁、六年以上、四位以上、

近衛中・少將申加階、叙例前同、

諸道博士申加階、

諸司長官・次官申加階、已上、依外記勘文叙之、一加階、依勘文叙之、五勞以上恪

勤者云〻、治國給用位記不叙云〻、

治國、
別功、
入内、依勘文叙之、三勞以上恪勤者云々、
八省輔申加階、
諸衛佐申加階、
諸司勞、第一二者、勞十四年以上云々、
外衛勞、以上、依勘文叙之、勞十二年以上云々、
外記・史、以自解、入外記筥云々、又有奏断云々、
式部・民部、有奏、
近衛將監、本府令奏自解、
内記・大藏、勞八年以上云々、
（5紙）
檢非違使、依勘文叙之、非成業六年以上、
文章生、勞五年以上、

轉任、七年以上、

大臣家令、主人任大臣之後、二・三年以上叙之、

一世源氏、従四位上、當君三位、

二世孫王、従四位上、以自解申巡叙之、貞觀(清和天皇)孫王従五位下、昇殿超越、

王氏、一親王挙之、四世以上依巡挙之、

源氏、長者挙之、弘仁(嵯峨天皇)御後隔二年、

藤氏、長者挙之、四門依巡挙之、

橘氏、是定挙之、已上挙各巻封、入外記硯筥、但橘氏不封、

或件挙状朩、付奏者云〻、

『諸道博士・紀傳・明經雖凢姓叙内階、餘道依姓叙内外階事』

諸道博士、紀傳・明經雖凢姓叙内階、餘道依姓叙内外階云〻、凢姓者内外不定之時、先叙外、依愁入内云〻、

給數、

『給數事』

内給、掾二人、目三人、一分廿人、或二分中内舎人、

一院・三宮、掾一人、目一人、一分三人、爵一人、中宮女爵、京官一人、

親王、二分一人、一分一人、作巡而三合、第一親王毎年給之、依別勅也、

寛平(宇多天皇)御後、有例巡給、別巡給云〻、

延喜十二年宣旨、或説無別巡給云〻、

『皇后腹親王有別巡給事、式部卿加一分二人事』

皇后腹親王有別巡給、式部卿加一分二人、

大臣、太政大臣、目一人、一分三人、左右大臣、目一人、一分二人、但隔年二合、

納言、目一人、一分一人、四年一度二合、或五年、但以息子二合、

宰相、目一人、進五節之時二合、息子如前、

（6紙）

尚侍、近代二合、

典侍、

掌侍、各一分一人、

院宮當年給者、別當若大夫無者、他宮司加之、巻封、

目加名片字、勘（勅歟）使来請時、可被付之、
舊年御給、別當・宮司加名付奏者、更不封之、
内童親王并女三位申文、家○（歟）加署、
尚侍、依別宣旨、近代二合、毎年、
四所籍、内竪・大舎人・進物所・校書殿、正月依勞并姓、任諸國掾目、
内舎人、正月上勞者二・三人、任諸國掾、多者任板東云〻、
文章生、
正月候二所、御書所・蔵人所ホ、者之外三人已上、
被任諸國掾、多任西海・北陸道、候御書所者必内官、候所者或外官云〻、
但以散位、一依姓、被任内官二・三分云〻、
二月不論二所候否、○（只）依勞并姓、任内官二・三
分云〻、但才能者不次、抽被寘云〻、
三局史生、

（7紙）

依本所奏、任内官二官、是非毎年事、（中原）數〔致〕時・（多米）國平ホ所申置云〻、以前外國目云〻、

召使、依外記奏、任外國目、

殿上、依勞、任内官助・允若外國掾、是非毎年事、

藏人所、依勞、任内官三分、正月不任、二月任、

同所出納、依勞、任外國目、或任外記・史、是非毎年事、

御書所預、依勞并姓、任内官二・三分、是非毎年事、

作物所、依勞并姓、任内外官二・三分、是非毎年事、

畫所、同前、

瀧口、正月依勞并姓、〔任脱カ〕内外二・三分、或二月任云〻、

已上所〻、藏人頭奉仰、或仰出納、或仰本所、令勘其勞奏、

北堂、

儒後、

明經、

勸学院、

弉〔奬〕學院、

已上、依挙、正月任外國掾、

竿、

明法、隔年、任外國掾、

内給、

三宮御給、

親王・公卿、

尚侍・女御等給、

『近衛將監叙位者任外國介年限事』

近衛將監叙位者、次年正月任外國介、或經一兩年任之、

外記・史、式部・民部丞、左右衛門、受領才、依諸卿挙任之、

近衛將監一者、正月兼外國掾、是非每年事、多左任近江、右任播磨、俗箇取之、

（8紙）

近衛將曹、仰本陣、令勘將曹・府生、
文章得業生、依外記勘申、勞二年、掾以上、正月兼外國、
諸道良家司〔子欤〕得業生、依外記勘申、或二年以上、五・六年以下〔一分〕、正月兼任外國掾、下姓者〻召時、兼外國博士云〻、
同年正月任外國、臨時叙位者
蔵人・式部・民部叙位者、不任、或有所望者、外記注名、入御硯、有被任之時、但民部或任介、
検非違使・史・外記叙位者、同年正月任外國介、或任權守云〻、
已上、宿官、外記注叙位輩、入御硯筥云〻、
三省奏、式部・民部・兵部、或有任二月、挙史生於外國目也、内官二分、
親王兼國、勘次第可任、
『親王已下兼國並遙授才年限事』
參議、
装束使、
近衛中少將、
少納言才兼國、已上、補任次年兼云〻、

衛門佐兼國、早五・六年、久十一年、七年多、

兵衛佐兼國、早二年、久六年、三・四年例多、

文章博士兼國、早二年、久六年、三・四年例多、

直講兼國、早七・八年、久十二・三年、九年例多、

明法博士兼國、三・四〇〔五〕年、

（9紙）

天文博士兼國、早四年、久十三年、

醫博士兼國、早六〔二〕年、久八年、

針博士兼國、早四年、久十三年、

諸司長官八省寸兼國、勘年限、依例兼之、

外衛尉叙位後任官、勘年限、依例、

侍従厨別當任官、早三・四年、久七・八年、

侍従所大舎人任官、早二年、久十一・二年、

内豎所六位別當任官、早一・二年、久四・五年、

内侍召〔所カ〕内竪任官、十年以下、七・八年以上、

大歌師任官、早二年、久六・七年、

和受《舞欽》歌師任官、早二年、久八年、

十生任官、早十年、久廿二年、

御書所預任官、早二年、久四年、

同所執事任官、早二年、久八年、

装横〔潢〕任官、早五年、久十一年、

一本御書所預任官、早八年、久十一年、

書手・校生ホ任官、早十年、久廿一年、

畫所預任官、早三年、七年例多、

作物所預任官、早三年、久十年、五・六年例多、

御贄殿預任官、早四年、久十二年、八年例多、

酒殿預任官、早六年、久九年、七・八年例多、

(10紙)

女官預任官、秦春益十年、
内教預任官、早四年、久廿一年、十余年例多、
神泉預任官、早九年、久十五年、
後院預任官、少〔小〕野清茂十一年、
同院蔵人任官、早三・五年、久九・十年、
穀倉院預任官、早四・五年、久十七年、但京十二・三年例多、
同院蔵人任官、廿三年、廿九年、
勸学院知院任官、早八年、久十八年、十余年例多、
平野神主任官、早四年、久廿三年、六・七年例多、
大原野社預任官、高田豊永廿五年、
宇陁野別當任官、春道近蔭廿三年、
交野別當任官、百済林字〔宗カ〕十八年、
隼人司火衣任官、早四年、久十六年、

近衛番長諸國二分國〔例カ〕、十余年、或卅年、
衛門府番長任諸國二分例、十余年、或卅年、
兵衛府番長任諸國二分例、卅余年、或卌余年、
諸道故人挙、
諸道臨時挙、

幕下被命云、此書故忠宗（藤原）卿職事之時、得之以比校了、
自抄出云ゝ、
以右大将公能（徳大寺）本書之、
保元二年正月
蔵人権右中弁（藤原惟方）（花押）

解題

序

鎌倉時代の書籍目録である『本朝書籍目録』①には「新撰年中行事、二巻、行成卿撰」とあり、彰考館文庫本『本朝書籍目録』②にも「新撰年中行事、二巻、権大納言行成抄」とあることから、藤原行成に『新撰年中行事』なる二巻本の著作のあったことがわかる。この書は古くに散逸して現在には伝わらないとされ、『年中行事抄』などに「行成卿抄」「行成抄」として引かれる記事や、『撰集秘記』に「拾年」と頭書して引用される記事などが、『新撰年中行事』の逸文として収集されてきた。ところが近年、京都御所東山御文庫に所蔵される古典籍のなかに、『新撰年中行事』の完全な伝本が残されていることが判明し、その概要を報告したことがある③。

この伝本『新撰年中行事』の記事と、従来収集されてきた「行成卿抄」「行成抄」逸文とを対照すると、逸文のほとんどは伝本中に確認することができるが、灌仏関係などの逸文や除目関係の逸文に対応するものが見あたらず、前者は『新撰年中行事』とは別本の「行成大納言年中行事」などと呼ばれる書物の逸文、後者は「行成卿除目小葉子」と称される書物の逸文であることが推定される。幸い、前者の「行成大納言年中行事」に相当すると思われる写本の残闕本も、東山御文庫に伝存することが確認され、その概要についても簡単な紹介を行った④。さらに、残る

「行成卿除目小葉子」についても、国立歴史民俗博物館所蔵の広橋家旧蔵本のなかに、その伝本（あるいは伝本の抄本）と思われる古写本を見出したため、その概要を報告し、全文を翻刻した⑤。

ここでは、藤原行成の年中行事書および除目書に関する調査所見を要約し、近年の研究成果を紹介しながら、これら三書の内容と性格などについて略述することにしたい。

一　新撰年中行事

(1) 書　名

『新撰年中行事』は平安時代中期の年中行事書で、著者は三蹟の一人として名高い藤原行成（天禄三年〔九七二〕～万寿四年〔一〇二七〕）である。

『新撰年中行事』の研究と逸文収集は、和田英松・時野谷滋・所功・大島幸雄らの諸氏によって進められてきた⑥。その結果、『西宮記』四月御灌仏事裏書に「行成大納言年中行事」、『参議要抄』除目事に「行成抄」、『年中行事抄』に「行成卿抄」などとして引載されるのは、この『新撰年中行事』のことであると推定された。また、藤原為房撰の『撰集秘記』が引用する書物のうち、多くの場合「北山抄」の次に引かれる記文のなかに「行成卿抄」と一致するものがあり、そのうちのいくつかに「拾年」と頭書するものがあるが、これは『玉薬』建暦二年（一二一二）十二月十三日条にみえる「拾遺年中行事」の略称で、「行成卿抄」と「拾遺年中行事」とは異名同書であろうと考えられるにいたった。

以上から、藤原行成の著した『新撰年中行事』は、「行成卿抄」「行成抄」「行成大納言年中行事」「拾遺年中行事」などとも称されていたことが判明する。「拾遺」は侍従の唐名で、後述するように、行成は参議に昇進後、長きにわたって侍従を兼任したので、行成作の年中行事書を「拾遺年中行事」と呼んだのであろう。また、行成の極官は権大納言であったから、『西宮記』裏書に「行成大納言年中行事」とあり、彰考館文庫本『本朝書籍目録』が『新撰年中行事』のことを「権大納言行成抄」と記すのは、極官による書名表記と考えることができる。

所功氏は「拾遺年中行事」を初治本、『新撰年中行事』をその補訂本と推測し、補訂を加えた本であるため「新撰年中行事」と名付けられたのではないかと述べている。[7] しかし後述するように、初治本・補訂本という議論には十分な証拠がなく、これに従うことはできない。藤原行成が九条流の儀式を継承する立場にあり、曾祖父藤原師輔の『九条年中行事』を多く『新撰年中行事』中に引用していることを思うと、『九条年中行事』に対して新たに撰述した九条流の年中行事書という意味で、「新撰年中行事」と名付けたと考えられるのではないか。『新撰年中行事』のなかに摂関家公卿の忌日が掲げられ、師輔・伊尹ら九条流の忌日が含まれることも、このように考えれば納得がゆくのである。

(2) 著者

藤原行成は右近衛少将藤原義孝を父、源保光の女を母として、天禄三年（九七二）に生まれた。[8] 父方の祖父に九条殿藤原師輔の長子伊尹、祖母に醍醐天皇皇孫の恵子女王をもち、藤原北家のなかでも主流の九条流に属した。行成が生まれた年に祖父伊尹が没し、三歳のときには父義孝を亡くしたため、青年期は不遇であったが、一条天皇の長徳元年（九九五）八月に蔵人頭に抜擢され、同四年十月の任右大弁をへて、長保三年（一〇〇一）八月には参議に昇った。同年十月には侍従を兼ね、寛弘六年（一〇〇九）三月に権中納言に進んだときも侍従を兼任した。一条天皇の信任を受け、侍従として長くその側近に仕え、源俊賢・藤原公任・藤原斉信らとともに四納言と称された。三条天皇の寛仁四年（一〇二〇）十一月には権大納言となったが、このときも侍従を兼ねている（『小右記』『大鏡』裏書）。藤原道長の信頼も厚く、長保二年（一〇〇〇）二月の藤原彰子立后に際して、行成は推進役の中心となって活躍した。(9) 寛仁二年（一〇一八）三月には、道長の子息長家が行成の女と結婚したが、この女は治安元年（一〇二一）三月には病死している。

藤原行成は和漢の学に通じ、豊かな才芸を有していた。和歌は『後拾遺和歌集』以下の勅撰集に載せられ、詩文も『行成詩稿』などに十数首が伝えられる。その日記『権記』からは、『毛詩』『古文尚書』や『史記』『漢書』『後漢書』などの漢籍に通じていたことが知られる。また、九条流の有職故実を継承する立場から、藤原師輔の日記『九条殿御記』の書写につとめる傍ら、折に触れて小野宮流の藤原実資にも故実に関する教示を求めている。とりわけ能書家として著名で、小野道風・藤原佐理らと並び三蹟と称せられた。長保元年（九九九）七月に清涼殿の年中行事御障子を書いたほか、宮門や殿舎の題額、大嘗会悠紀・主基屛風色紙などに筆を揮ったと伝えられる。

万寿四年（一〇二七）十二月四日、正二位権大納言で薨去した。同日には藤原道長もその生涯を閉じている。行成の葬送は十六日に行われ、翌年正月二十二日には御願寺である平安京北郊の世尊寺で七七忌が催された。

(3) 伝来・写本

『新撰年中行事』の伝本は京都御所東山御文庫に所蔵される。これ以外に伝本は知られておらず、天下の孤本といえるものである。勅封番号は一四四―八。上下二冊本である。両冊とも美濃判袋綴装で、縦二八・三㎝、横二〇・一㎝。薄茶色を呈する唐草文様渋表紙の中央に、後西天皇の宸筆で外題を「年中行事　上」「年中行事　下」と墨書する。上冊の本文は墨付六十丁で、毎月事および正月から六月までと春・夏の行事を収め、下冊の本文は墨付四十三丁で、七月から十二月までと秋・冬の行事を載せる。上下両冊の筆跡はそれぞれ異なり、書写奥書などはないが、いずれも江戸時代初期の書写と考えられる。東山御文庫本については、宮内庁書陵部が逐次マイクロフィルム撮影を行い、これを書陵部や東京大学史料編纂所において閲覧に供している。『新撰年中行事』以下の年中行事書は昭和四十八年（一九七三）に撮影された。そのマイクロフィルム番号は二二四八である。[10]

あいつぐ京都の火災で禁裏本が失われるのを恐れた後西天皇は、在位中（承応三年〔一六五四〕～寛文三年〔一六六三〕）に禁中や諸家の蔵書を新写し、いわゆる副本を作成した。こうした新写本を納めた北御文庫は、万治四年（一六六一）正月の内裏炎上時に被害を免れ、現在に残る東山御文庫本の基礎を形作った。後西上皇は寛文六年（一六六六）三月二十四日、即位後まもない霊元天皇のもとに新写本を贈進したが[11]（『葉室頼業日記』同日条）、このときの目録のなかに「年中行事類」一箱が存在する。『新撰年中行事』の外題は後西天皇の手になるものなので、天皇が新写させて霊元天皇に贈ったこの「年中行事類」の箱のなかに本書が含まれていた可能性は高い。

宝永四年（一七〇七）における禁裏文庫の蔵書を反映している京都大学附属図書館架蔵菊亭文庫本『禁裏御記目録』[12]（菊―キ―三三）では、年中行事の箱のなかに「同（年中行事）上下 二―（冊）」と「年中　一冊」がみえ、東山御文庫本『禁裏御蔵書目録』（勅封一七四―二―二五）にも同様の記載がみえている。東山御文庫に現存する『年中行事』二冊（『新撰年中行事』）と「年中」と外題する『年中行事』一冊（『行成大納言年中行事』）は、少なくとも宝永四年までには禁裏文庫に収蔵されていたことが、蔵書目録から確認できるのである。

⑷　内容・構成

『新撰年中行事』は基本的に正月から十二月にいたる年中行事の沿革と現状を、おもに『延喜式』以下の諸司式や「蔵人式」などを引用しながら説明したもので、臨時行事を含まない恒例行事中心の御障子文系年中行事書の範疇に属する書物である。その意味で、御障子文系年中行事書を代表する『九条年中行事』や『小野宮年中行事』とは多くの類似点をもつが、両書とは異なる次のような特徴があることが注意を引く。

① 巻頭に「毎月事」として毎月行事を載せ、四孟月の直前には春・夏・秋・冬の項目を立てている。

② 十二月条のあとに神事・御服事・御画事などの記事を載せていない。

③ 収録される行事項目は、『九条年中行事』の一六四項目前後、『小野宮年中行事』の二九三項目に対して、『新撰年中行事』は七三〇項目を数える。

④ すでに廃止されて行われなくなった行事を削除せず、その後の新行事とあわせて掲出する場合が多い。

これらを要するに、『新撰年中行事』は『年中行事御障子文』だけにとらわれず、『延喜式』以下の諸司式や「蔵人式」などの関係史料から幅広く年中行事項目を拾い出し、これを実施される季節や月日順に配列した書物であるといえる。『九条年中行事』や『小野宮年中行事』と類似する点もあるが、行事項目の選定法において異色の内容をもち、従来から知られていた御障子文系の年中行事書とはかなり異なる性格の年中行事書が出現したことになる。とくに④の特徴は注目すべきで、『新撰年中行事』所載の行事記事を検討することで、ほかの史料からはうかがえない古層の行事を復原することが可能となるであろう。

⑸　引用書・材料

『新撰年中行事』中に引用もしくは言及される史料は次の通りである。

〔漢籍〕

漢書王莽伝・玉燭宝典・金谷園記・荊楚歳時記・崔寔・月令（礼記月令）・雑要決・纂要・春秋説題・世風記・捜神記・続斉諧記・唐典要略・風俗通・本草（新修本草）・養生要集・論語・論語孔安国注

〔国書〕

諸司式（弘仁式・貞観式・延喜式）・朝所打板・宴会記・官曹事類・官厨式・儀式・御記・先代旧事本紀・蔵人式（延喜蔵人式・天暦蔵人式）・所例（蔵人所例）・承和例・延喜例・蔵人式御短尺・九条殿年中行事・邦基卿記・外記庁例・外記私記・外記壁書・月旧記・交替式・弘仁格・貞観格・延喜格・史記（官史記）・国史・文徳天皇実録・三代実録・昭宣公伝・儒伝・清涼記・西宮記・奏事例・内裏式・伝説抄・内膳司旧記・口伝・南家氏人口伝・日記・仁和書・兵部省例・本朝月令・弁事・葉子・律・令・令義解

国書のなかでは諸司式の引用が圧倒的に多く、合計すると五百例近くにのぼる。「弘仁式」「前式」など「弘仁式」であることを示すものが二十四例、「貞観式」「今案」など「貞観式」であることを明示するものが三十五例、「延喜式」「延喜官式」など『延喜式』であることを明記するものが三十七例存在する。ただし、『新撰年中行事』は「弘仁太政官式」や「弘仁式部式」などを、たんに「太政官式」「式部式」などと称して引用する場合があり、この点は注意を要する。

Ⓐ式部式云、凡四季徴免課役帳者、四孟月十六日、申左右弁官、同延式云、四季徴免課役帳、毎季造三通、丞・録各一人勾当其事……（正月十六日、式部省進徴免課役帳事）

Ⓑ大学式云、十一座、……又云、若上丁当国忌及祈年祭、改用中丁、貞観今案、日食亦同、延喜式云、其諒闇

之年、雖従吉服亭〔亨〕停（二月上丁日、釈奠事）

Ⓐの「式部式」、Ⓑの「大学式」および「又」は、このあとに「同延式」や「貞観今案」「延喜式」が引用されるところから、それぞれ「弘仁式部式」と「弘仁大学式」であることが想定できる。実際にⒶの「式部式」は延喜式部式文とは異なり、Ⓑの「大学式」「又」も延喜大学式に継承される「弘仁式」の記事と考えることができる。『新撰年中行事』中にはこのような式文の引用がほかにも多数認められ、藤原行成は「弘仁式」を基本とし、その後の「貞観式」や『延喜式』による改訂を追記したような式文集をもとに、諸司式を引用しているという印象が強い。その意味では、引用される諸司式が「弘仁式」「貞観式」「延喜式」のいずれにあたるのかは、一つひとつの式文を精査したのちに決定すべきであると思われる。

諸司式についで多くの引用が確認できるのは「蔵人式」で、五十例近くの逸文が引かれている。『新撰年中行事』がこのように大量の諸司式や「蔵人式」を引用しているのは、行成が諸司式や「蔵人式」などにみえる行事の日次をもとに、年中行事を復原しようとしているからである。また、『新撰年中行事』のなかには、書名をあげずに「清涼記」や『九条年中行事』の記事を引用している場合が多く、この二書が『新撰年中行事』の編纂素材として活用されたことがわかる。

一方、『新撰年中行事』とほぼ同時期に成立した年中行事書に『小野宮年中行事』があるが、『小野宮年中行事』は諸司式を多く引用する点でも『新撰年中行事』と類似する。両書の間に何らかのつながりを想定するのは自然なことであろう。前稿では、藤原公任が同宿する藤原教通家の火災で焼失した「年中行事葉子二帖」（『小右記』長和四年四月十三日条）は、小野宮家に伝えられた年中行事書で、『小野宮年中行事』の前身ともいえる書物ではないかという見通しのもとに、『小野宮年中行事』が『新撰年中行事』を参照した可能性と、『新撰年中行事』が『小野宮

行事書によって補訂を加えたことも考えられると述べた[13]。

年中行事』の記載によって補ったと思われるものがあるから、『新撰年中行事』編纂の大詰めに、小野宮家の年中

年中行事』を参照した可能性の両方を指摘した。そして、『新撰年中行事』にみえる頭書や傍書などには、『小野宮

　これに対して所功氏は、『小右記』にみえる「年中行事葉子二帖」は小野宮家より公任に貸し出されたものではなく、藤原公任が教通のために作り与えた書物である可能性が高いと説き、『新撰年中行事』と『小野宮年中行事』の行事項目には異同出入がきわめて多く、一方が他方に依拠して作成されたとは考えがたいと論じている[14]。しかし、『小右記』にみえる「年中行事葉子二帖」が公任作の書で、小野宮家から貸し出されたものではないとすると、それが焼失したことについて、藤原実資が「不敢惜」などと言及するのは不適当といわざるをえない。実資は最重要の家記たる「故殿御記」の焼失に比べると、「年中行事二帖」の焼失は「不敢惜」と述べているのであって、他家が所蔵する典籍の価値について論評しているのではあるまい。また、『新撰年中行事』と『小野宮年中行事』の一方が他方に依拠して作成されたとは私も考えていない。編纂過程のある段階に一方が他方を参照して、本文や勘物の一部を追加・添削した可能性は残されているのであり、両書の影響関係については、今後とも地道な調査にもとづく検討が行われるべきであろう。

　所氏はさらに、『新撰年中行事』と『小野宮年中行事』が同一項目の勘物として、三代の諸司式をどのように引用しているかを対比的に検討し、『新撰年中行事』は比較的『延喜式』を多く用いているが、『小野宮年中行事』は「弘仁式」「貞観式」から詳しく引いており、『小野宮年中行事』の方が「弘仁式」「貞観式」を重視したと結論づけている[15]。所氏が検討の材料とした十八例（1～18）を一覧表にまとめたのが表1である。このうち『新撰年中行事』の8・10・12などは、「弘仁式」のことを「式」「大学式」「又」「式」などと称して引用したものであるから、8に

表1　『新撰年中行事』と『小野宮年中行事』の引用勘物対照表（1）

	新撰年中行事		小野宮年中行事		
番号	項目名	引用勘物	項目名	引用勘物	分類
1	正月8日修大元帥法事	治部式・清涼記	正月8日太元帥法始事	貞観玄蕃式	○
2	正月11日除目事	蔵人式・式部式・又	正月11日除目事	貞観式部式・格 寛平2年御記 天暦8年・天徳2年	○
3	正月13日三省申秋冬馬料文事	式部式	正月13日三省申秋冬馬料目録文事	弘仁太政官式	○
4	正月15日主水司献御粥事	式・世風記・月旧記 勝宝5年勘奏	正月15日主水司献七種御粥事	弘仁主水式	○
5	正月15日御薪事	天武4年・令・官式・式部式・ 又・隼人式・宮内式	正月15日進御薪事	弘仁太政官式	○
6	正月17日射礼事	弘仁11年・応和2年・式 式部式・天暦9年論奏 同年宣旨・長和・同6年 天智9年・大同2年・木工式	正月17日内射事	貞観兵部式 太政官式 貞信公御記 長和2年	○
7	正月21日諸司進年終帳事	太政官式・近衛式	正月21日諸司年終帳進太政官事	貞観太政官式	○
8	正月晦日神祇官奉御贖物事	＊**式**・神祇式	正月晦日神祇官奉御麻事	弘仁神祇式 内裏式	△
9	正月晦日御巫奉御贖事	神式・神式	正月晦日御巫奉御贖事	弘仁神祇式	○
10	2月上丁日釈奠事	令・＊**大学式**・＊**又**・貞観今案・延喜式・貞式・＃**六衛府式**	2月上丁釈奠事	貞観大学式 同式	●
11	2月上申日春日祭	馬式・官式・中務式 蔵人式・中宮式・内膳式	2月上申日春日祭事	貞観太政官式 貞信公御記	○
12	2月上卯日大原野祭事	仁寿元年宣・＊**式**・貞式 中宮式・又・馬式・内膳式	2月上卯日大原野祭事	貞観太政官式 仁寿元年宣	●
13	2月13日三省申考選及春夏季禄目録事	中務式・官式・又 式部式・又・中務式	2月10日三省申考選及春夏季禄等目録事	禄令・弘仁中務式 禄令	○
14	3月7日薬師寺最勝会事	貞格・式部延式・貞玄式・延中宮式・延内蔵式・貞官式・同式部式	3月7日薬師寺最勝会始事	貞観太政官式	△
15	6月10日奏御体御卜事	九条殿年中行事・邦基卿記・ 民式・神祇式・宮内式・官式	6月10日奏御卜事	弘仁太政官式・又 貞観民部式・内裏式 元慶5年・延長2年	○
16	9月11日奉幣伊勢大神宮事	内裏式・延喜17年・神式・又	9月11日奉幣伊勢大神宮事	弘仁太政官式・延喜御日記・延喜式・延喜式	△
17	11月1日中務省奏具注御暦事	延長3年・天徳2年・官式・中宮式・東宮式・儒伝・史記・国史	11月1日中務省奏御暦事	弘仁太政官式	○
18	11月中寅日鎮魂祭事	延長3年・天徳2年 職員令・神式・旧事本記	11月中寅日鎮魂祭事	弘仁神祇式・延長3年・天徳2年	○

〔注〕①「分類」欄の○は『小野宮年中行事』の方が『新撰年中行事』より「弘仁式」「貞観式」を重視した引用をするもの、●はその逆の引用をするもの、△は両書ともほぼ同等の引用をするものを示す。②引用法や記事内容より弘仁式と想定される式文には＊を付して太字とし、貞観式と想定される式文には＃を付して太字とした。

表2　『新撰年中行事』と『小野宮年中行事』の引用勘物対照表（2）

	新撰年中行事		小野宮年中行事		
番号	項目名	引用勘物	項目名	引用勘物	分類
19	正月元日奏去月上日事	弘仁官式・式部式	正月元日太政官進参議已上上日事	弘仁太政官式	△
20	正月立春日主水司献立春水事	清涼記・主水司式 前式・前式	正月立春日主水司献立春水事	（清涼記）	●
21	正月4日国忌事	天暦8年・式部式・治部式・又・弘仁官式・同式部式・貞式一・同式	正月4日太皇太后国忌事	貞観治部式 弘仁太政官式 同式部式 貞観同式・同式	△
22	正月7日以後式兵両省進五位已上歴名帳事	蔵人式・式部弘仁式 貞観式・貞又・延喜	正月7日以後式部省進五位已上歴名帳事	弘仁式部式 貞観同式 貞観同式	△
23	正月15日兵部省手番事	弘仁省式・延喜省式	正月15日兵部省手結事	長和2年	●
24	2月上丑日園并韓神祭事	**＊式**・口伝	2月中丑日園并韓神祭事		●
25	2月上卯日大原野祭事	仁寿元年宣・**＊式**・貞式・中宮式・又・馬式・内膳式	2月上卯日大原野祭事	貞観太政官式 仁寿元年宣	●
26	4月10日中務省申給後宮并女官夏時服文事	禄令・又・弘仁中務式 延喜官式	4月10日中務奏後宮并女官夏時服文事		●
27	5月4日奏走馬結番并毛色事	弘仁兵部式	5月4日奏走馬結番并毛色事	弘仁兵部式 延長5年別宣旨	△
28	6月11日神今食祭事	蔵人式・弘官式・貞式	6月11日神今食祭事	弘仁太政官式 貞観同式	△
29	8月上丁釈奠事	**＊大学式**・貞今案	8月上丁釈奠事	式（延喜式）	●
30	11月10日三省申位禄文事	弘式部式・又・延喜式	11月13日三省申位禄文事	弘仁式部式	△
31	12月3日国忌事	弘仁式部式・玄蕃式	12月3日国忌事	弘仁治部式	△
32	12月23日国忌事	前式・今案	12月23日国忌事		●
33	12月大寒日立土牛童子像事	陰陽寮延式・弘式 貞式・延式	12月陰陽寮大寒入日立土牛童子像事	慶雲3年 式（延喜式）	●
34	12月晦日追儺事	官式・**＊中務式**・今案 慶雲3年・貞観8年	12月晦日追儺事	中務式（延喜式）	●

〔注〕①「分類」欄の●は『新撰年中行事』の方が『小野宮年中行事』より「弘仁式」「貞観式」を重視した引用をするもの、△は両書ともほぼ同等の引用をするものを示す。
②引用法や記事内容より弘仁式と想定される式文には＊を付して太字とした。

ついては『小野宮年中行事』と同等の引用法、10・12については『新撰年中行事』の方が「弘仁式」を重視した引用になっている。十八例のうち『小野宮年中行事』の方が「弘仁式」「貞観式」を重視した引用法をとるのは十三例ということになる。

しかし、所氏は自説に都合のよい史料だけを選んで論じているのではないか。『新撰年中行事』と『小野宮年中行事』が同一項目において諸司式を引用しているのは、所氏が指摘した十八例以外にも多数確認することができる。同一項目において、『新撰年中行事』だけが「弘仁式」「貞観式」を引用している例も少なくない。それらのうち、『新撰年中行事』の方に「弘仁式」や「貞観式」の引用を含むもの十六例（19～20）を表2にまとめた。表2においては、『新撰年中行事』の方が多く「弘仁式」「貞観式」を重視した引用法をとっており、その数は九例にのぼる。表1と表2を総合すると、○（『小野宮年中行事』の方が「弘仁式」「貞観式」を重視した引用をするもの）は十三例、●（『新撰年中行事』の方が「弘仁式」「貞観式」を重視した引用をするもの）は十一例となり、その例数はほぼ拮抗している。

前述したように、『新撰年中行事』は三代の諸司式や「蔵人式」などから幅広く年中行事事項を拾い出し、すでに廃止された行事でも削除せず掲出しているので、『小野宮年中行事』と比べて「弘仁式」「貞観式」を重視する姿勢が乏しいとは考えられない。表1の4・5・6・17などをみると、『新撰年中行事』は「弘仁式」や「貞観式」を引用していないが、それよりも古い事例を示す「勝宝五年勘奏」、天武四年条・「令」、天智九年条・大同二年条、「儒伝」「（官）史記」「国史」などを引いており、行事の淵源を探ろうとする強い志向を読み取ることができる。表1の5・10・11・12・14・17、表2の25・26・33・34のように、『新撰年中行事』の方が多くの諸司式を掲げ、それ以外にも多種多様の史料を引用しているのも、同様の傾向のあらわれといえよう。『新撰年中行事』と『小野宮年中行事』の関係については、諸司式の引用法を含めて、より詳細で網羅的な分析を行った上で結論を出す必要があると思われる。

(6) 成立年代

『新撰年中行事』の成立年代について、かつて所功氏は逸文の分析をもとに、㋐長和六年(一〇一七)以降で、㋑万寿二年(一〇二五)に近いころと推定した。㋐の論拠は『年中行事秘抄』正月十六日節会が引く「行成卿抄」逸文に、「長和又止、同六年以後復旧」と記されていることであったが、この例も含めて、『新撰年中行事』の伝本中には、次のように長和年間(一〇一二~一〇一七)に関する記述を見出すことができる。

①天暦九年十二月論奏、止署〔音〕楽、依御忌月也、安和度〔復脱カ〕旧、長和元年以後依件例、同六年又復旧之(正月元日、宴会事頭書)

②天暦九年十二月十三日論奏、停音楽、依御忌月也、又長和御時、同停音楽、但無論奏、不当御忌月之時、行如常(正月七日、節会及叙位事細字割注)

③文〔天〕暦九年十二月論奏止之、安和詔依旧行、長和又止、同六年以後又行之(正月十六日、女踏哥事細字割注)

④依天暦九年十二月論奏上〔止〕、同月廿五日宣旨定、三月十三日行之、天皇晏駕之後、復旧行、長和又以三月行之、六年以後又復旧(正月十七日、射礼事勘物)

⑤廿八日、国忌事、東寺、贈皇太后、諱超子、長和帝母、停四月三日贈皇太后懐子国忌、人〔入〕之、(正月廿八日、国忌事)

⑥三日、国忌、東寺、贈皇太后藤原氏、諱懐子、寛和天皇母后也、寛和豊〔置〕之、停六月晦贈皇太后胤子国忌、長和年中除之、(四月三日、国忌)

これらに加えて、『新撰年中行事』の六月一日条には、

同日、四条太皇太后忌日事、寛仁元―崩、不置国忌・山陵、

とあり、寛仁元年（一〇一七）六月一日に崩じた藤原遵子の忌日が載せられている。『新撰年中行事』の最終的な脱稿は、所氏のいうように、長和六年（寛仁元年・一〇一七）以降と考えられる。

一方、所氏のいう㋑の論拠は『年中行事抄』正月五日叙位議事が引く「行成卿抄」逸文に、「年来之例、五日大臣家饗、仍六日行之」とあることで、正月六日に叙位議を行うのは万寿二年（一〇二五）に近いころであると考えた。しかし、正月四日や五日に大臣家饗を催し、六日に叙位議を行うのが常態であったのは、延喜年間から天暦年間にかけてのことであったから、この逸文から『新撰年中行事』の成立年代を割り出すことはできず、所氏のいう㋑の論拠には大きな問題があるといえる。

そこで視点を変えて、長元二年（一〇二九）ころに完成した『小野宮年中行事』の記載と対比することで、『新撰年中行事』の成立年代を推定すると、『小野宮年中行事』が正月十五日兵部省手結や正月十七日内射が長和二年に三月行事に改められたことを明記し、三月十一日条や三月十二日条にも射礼や賭射の行事項目を掲げるのに対して、『新撰年中行事』はそれらの記事の多くを漏らしており、長和年間の行事の変化に対する認識に大きな差のあることがわかる。同様に『小野宮年中行事』には記載がある一条天皇の忌日法会（寛弘八年〔一〇一一〕崩、長和二年〔一〇一三〕始修）を、『新撰年中行事』は載せていない。

以上を要するに、『小野宮年中行事』の記載と対比すると、『新撰年中行事』には長和年間の行事の記述に不完全な点が認められ、最終的な補筆が徹底していないことをうかがわせる。したがって、『新撰年中行事』の大枠は寛弘八年（一〇一一）までに定められており、その後、寛仁元年（一〇一七）か同二年ころに割注などの形で追記が加えられたものと考えられる。

その後、所功氏は新稿において、「拾遺年中行事」と「新撰年中行事」を同系異本とみなし、『撰集秘記』所引の「行成卿抄」逸文を初治本たる「拾遺年中行事」、伝本『新撰年中行事』を補訂本と考える仮説を提示した。初治本「拾遺年中行事」は寛弘六年（一〇〇九）ないし長和二年（一〇一三）ころまでの成立、補訂本『新撰年中行事』は寛仁元年（一〇一七）以降の成立とみている。

たしかに『撰集秘記』所引の「行成卿抄」逸文には長和年間や寛治元年に関する注記がみえないが、それは現存する『撰集秘記』に引かれる「行成卿抄」逸文には、長和年間の注記をもつ正月元日・七日・十六日・十七日・二十八日の各条および四月三日条や、寛治元年の注記をもつ六月一日条などが欠落しているためである。『撰集秘記』が引く「行成卿抄」逸文の正月元日条などの各条が長和年間や寛治元年の注記を引用していないことは証明されておらず、『撰集秘記』所引文を初治本「拾遺年中行事」とみなすのは、危うい仮説であると思われる。

所氏が初治本とする『撰集秘記』所引逸文では、十二月十三日点荷前使参議事の頭書に「今宇治、三条院母、改入尚侍殿」とあるが、これは荷前対象陵墓から三条天皇母后の藤原超子を除き、新たに後冷泉天皇母后の藤原嬉子（尚侍殿）を加えた寛徳二年（一〇四五）以降の追記である。伝本『新撰年中行事』には「改入尚侍殿」の五文字は書かれていない。藤原行成の薨去から約二十年後の追記をもつ『撰集秘記』所引文を初治本とし、追記をもたない伝本『新撰年中行事』を補訂本とみなす所説には、大きな疑問があるといわざるをえない。

『撰集秘記』所引文は院政期に『新撰年中行事』を抜き書きしたものであるが、欠失部分も多いため、伝本『新撰年中行事』のうちの二割程度を残すにすぎない。伝本『新撰年中行事』は江戸時代初期の書写本であるため、誤字や脱字も少なくないが、全体が完存しているところに大きな価値がある。『撰集秘記』所引文と伝本『新撰年中行事』との関係についても、両者の字句を対比的に検討した上で、慎重に結論を導き出すことが求められよう。

黒板伸夫氏によると、藤原行成の日記である『権記』は寛弘八年（一〇一一）歳末の追儺の記事を最後に欠失し、逸文などから少なくとも死の前年（万寿三年）まで書き続けられていたと思われるが、寛弘八年以後のまとまった記事は寛仁元年（一〇一七）の「後一条天皇即位記」などわずかであるという。(16)『権記』にみられるこうした特徴は、伝本からうかがえる『新撰年中行事』の編纂過程ともよく一致する。『新撰年中行事』の大枠は行成が活躍した一条天皇の寛弘八年ころまでに成立し、その後、寛仁元年か同二年ころに一部追記が施されたとみるのが、穏当なところであると思う。

二　行成大納言年中行事

『行成大納言年中行事』は藤原行成が著した平安時代中期の年中行事書で、『新撰年中行事』の別冊と考えられる。東山御文庫に江戸時代初期の書写本が伝存し、これもやはり天下の孤本とみられる。勅封番号は一四四―一三。渋引表紙に後西天皇の宸筆で「年中」と外題する。美濃判袋綴装の一冊本で、縦二八・五㎝、横二〇・五㎝。墨付は二十八丁。裏表紙見返しに「明暦」の御印が捺される。首部を欠く残闕本で、四月（七日）の擬階奏事から十二月晦日の追儺事までを載せる。所収項目を月毎に示すと次のようになる。

四月　擬階奏事、八日御灌仏事、賀茂祭事、郡司読奏蔵人式部丞事

五月　早苽事、御馬走奏事、昌蒲及薬玉事、賑給施米事

六月　朔日内膳司供忌火御飯事、御体御卜事、十一日神今食事、晦日節折事

七月　七日乞巧奠事、十五日御盆事、廿七日相撲事

八月　釈奠内論義事、駒牽事、信濃御馬事、上野御馬事
九月　九日重陽宴事、伊勢奉幣事
十月　朔日更衣事、豕餅事、射場始事、初雪見参事
十一月　五節事、大哥垣下事
十二月　御仏名事、荷前事、御髪上事、晦日追儺事

本書の四月八日、御灌仏事条には、灌仏の式次第を記したのち、「布施事、古例」として、親王・太政大臣以下の灌仏布施法が列挙されている。

太政大臣、無〔所見〕覧、問〔而〕承平七年、准左右大臣例、奉五百文、大臣五百文、大納言四百文、中納言三百文、散三位并参議二百文、四位百五十文、五位百文、六位七十文、童子五十文、
已上寛平八年定法也、先例、件布施銭、親王以下参議以上、不謂殿上・地下、雖身不参猶奉、而延喜以来、地下王卿不参者不奉之、

一方、壬生本や前田家大永本の『西宮記』巻三、御灌仏事の裏書には、

灌仏布施銭、
太政大臣、元無所見、承平七年、准左右大臣、被奉五百文、左右大臣五百文、大納言四百文、中納言三百文、散位并参議二百文、四位百五十文、五位百文、六位今定七十文、并童子五十文、
寛平八年四月八日定法也、先例、件布施銭、殿上地下、親王已下、参議已上、雖不参猶奉之、而延木以来、地下王卿不参者不奉之、又導師童子不灌仏、而寛平年中、依仰、男房之次、女房之前、灌仏、件事行成大納言年中行事之中記之、

とあり、前掲した本書の灌仏布施法とほぼ同じ記載を「行成大納言年中行事」の記事として引用している。したがって、本書は藤原行成が著した『行成大納言年中行事』に相当する写本とみなすことができよう。『新撰年中行事』の四月八日、灌仏事の条をみると、灌仏の式次第や布施法のことは書かれておらず、「若遇神事止云々、件日儀至于布施法、在葉子」と記されている。灌仏の次第や布施法を記述した本書は、ここにみえる「葉子」に相当するもので、本書は『新撰年中行事』の別冊として作成されたものと考えられる。

これ以外にも、『新撰年中行事』の正月元日、平旦所司供屠蘇・白散事には「請取等事、注別」、二月朔日、旬事には「但二孟月儀文、別其記之」などと注記されている。また、五月五日観騎射事の末尾には「当日儀、子細在別」と頭書し、七月廿七日御覧相撲人事には「在別」との注記が加えられている。『行成大納言年中行事』(『葉子』)の写本と推定される本書は四月以前の部分を欠くが、現存する部分のうち、五月条には御馬走奏事のことが記され、七月条には相撲事の次第が詳述されている。『新撰年中行事』にみえる「注別」「在別」などという注記は、別冊の存在を暗示するが、本書こそその別冊に相当するものとみられよう。

行成の手になる年中行事書の記載としては、前掲した灌仏布施法に関するもののほかに、正月五日の叙位議に関わる「行成大納言抄」(『長秋記』天承元年(一一三一)正月五日条)、正月七日の位記召給に関わる「行成抄」(『台記』康治元年(一一四二)正月七日条)、七日節会の腹赤奏に関わる「故行成大納言抄」(『江家次第』巻一、元日節会)などの逸文が検出されているが、これらに相当する記事は『新撰年中行事』中には認められない。これらの記事は『行成大納言年中行事』の正月条に含まれていたが、伝本は四月以前の記事を欠いているために、逸文に対応する記述が確認できないのであろう。

本書が引用する書に「式(蔵人式)」「九条殿年中行事」「同(延喜)十年日記」「延喜十一年記」「延喜十七年八月

十一日記」「口伝」などがあり、引用する年号に寛平・昌泰・延喜のほか、承平元年、同七年、天暦八年、康保元年、長保五年などがみえるのも、藤原行成の著作とみることを妨げない。「行成大納言年中行事」「行成大納言抄」などという書名は、行成が権大納言になった寛仁四年（一〇二〇）以後の成立を示唆するようであるが、「大納言」というのは行成の極官を表したものとみれば、この書名から成立年代を推測することはできない。『新撰年中行事』とほぼ同時期に編纂されたものとみるのが穏当であろう。

三　叙除拾要

『叙除拾要』は藤原行成の手になる「行成卿除目小葉子」（広橋家本『江家次第』裏書）(17)の伝本（あるいは伝本の抄本）と考えられるもので、除目の作法を記述した書である。

本書は国立歴史民俗博物館所蔵の広橋家旧蔵記録典籍文書類の一つで、保元二年（一一五七）の書写にかかる巻子本一軸である。(18)後補の青色表紙に白題簽を張り、題簽の左側には外題を、右下には巻末奥書の釈文を記す。外題は「叙位任官例書」と書いたのち、一部の文字を墨抹して、「叙除拾要」に改めている。巻首の何紙かは失われており、第一紙から第十紙までの計十紙が現存する。料紙は斐楮交漉紙と考えられる。各紙の長さはおおむね五五・一㎝から五五・九㎝であり、最後の第十紙のみ五四・三㎝とやや短い。紙高はいずれも二八・二㎝であり、後補の軸受紙の長さは八・三㎝である。紙面の横界線は天に二本、地に一本で、天から約二・九㎝および約四・五㎝のところに各一線、地から約一・九㎝のところに一線を引く。一紙には二十一〜二十三行の記事が書かれる。本文はおおむね墨書されるが、標目や勾点などは朱書されている。裏書や紙背文書は存在しない。

巻末に記載される奥書は次の通りである。

　幕下被命云、此書故（藤原）忠宗卿職事之時

　　得之以比校了　自抄出云々

以右大将（徳大寺）公能本書之

　　保元二年正月

　　　蔵人権右中弁（藤原惟方）（花押）

奥書の墨跡はほぼ一様であるが、そのなかにあって、二行目の「得之以比校了」のみ小字で墨跡も薄いので、これのみ比校段階で補筆したのであろう。奥書の記載によると、この書は忠宗卿が職事のときに自ら抄出したもので、保元二年正月に蔵人権右中弁が右大将公能本をもって書写し、後日、忠宗卿の自筆本を得て比校したものということになる。

忠宗卿とは後宇治関白師実の孫で、左大臣家忠の子である藤原忠宗のことである。『公卿補任』などによると、忠宗は嘉祥二年（一一〇七）十二月、鳥羽天皇即位後に従五位上で蔵人となり、保安三年（一一二二）十二月に蔵人頭となった。大治五年（一一三〇）に正四位下で参議となり、長承二年（一一三三）に従三位権中納言で薨じた。右大将公能は徳大寺公能のことで、左大臣実能の子、左大臣実定の父である。大治六年（一一三一）に正五位下で蔵人、保延三年（一一三七）に蔵人頭となり、保元元年（一一五六）九月に右大将に任ぜられた。

公能本を書写した蔵人権右中弁は藤原惟方である。惟方は民部卿顕頼の二男で、保元元年九月に権右中弁となり、同年閏九月に蔵人に補された。『職事補任』保元元年条では「惟長」に作るが、『公卿補任』『弁官補任』などによって「惟方」とするのが正しい。惟方ははじめ鳥羽院の近臣として、のち二条院の近習者として勢力をのばし

たが、平治の乱のあと、二条帝の親政を推進せんとして後白河上皇を圧迫したため、平清盛によって捕らえられ、長門国へ流された⑲。

惟方の葉室家と公能の徳大寺家とは婚姻関係によって結ばれていた。『尊卑分脈』によると、顕隆の九人の女子のうち一人は、徳大寺実能の室となって公能・頼長室らを生み、その公能に頼隆のいま一人の女子が藤原俊忠室となって生んだ女子が嫁している。葉室家と徳大寺家とは婚姻の結び直しを重ねていたことがわかる⑳。葉室家の藤原惟方からみて、徳大寺公能は父の妹の子であり、同時に父の妹の婿でもあった。惟方が公能本を書写しているのは、こうした婚姻による近親関係を背景にもっているのであろう。

以上を要するに、蔵人権右中弁であった藤原惟方が縁戚関係にある右大将徳大寺公能の所持本によって書写し、のちに藤原忠宗の自抄本によって比校したものが本書であるということになる。奥書によると忠宗が「自ら抄出」したとあるので、忠宗による改変の手が加わっていることは想定されるが、「自ら抄出」する以前のもとになる書物があったはずである。そのもとの書物こそが藤原行成の除目書であると思われる。

『叙除拾要』の記載を除目関係の「行成抄」逸文と対照すると、巻首部の欠失や藤原忠宗による抄出などのために一致しない部分もいくつかあるが、「行成抄」逸文に対応する記事を『叙除拾要』のなかに多数確認することができる㉑。したがって、『叙除拾要』は「行成卿除目小葉子」の伝本（もしくはその抄本）であると考えてよいものと思われる。『叙除拾要』は失われたと考えられてきた藤原行成の除目書の伝本（もしくはその抄本）として注目すべきであろう。『西宮記』や『北山抄』の除目条を除けば、摂関期の除目次第を伝える儀式書は現存しないから、除目に関する最古級の儀式書が出現したことになる。

『魚魯愚鈔別録』巻一、御装束事には「或人云、此葉子■（ママ）行成大納言所抄云々、此事有疑事、紕謬太多、恐非彼

説」とあり、行成大納言が抄した除目の葉子があったことを伝える。これは「行成卿除目小葉子」と同じ書物をさすものとみられるが、「行成大納言所抄」というのは極官による表記であろうから、成立年代を推定する決めてにはならない。ただし、『叙除拾要』は藤原実資の説を「右府命」として引いているので、その成立年代は実資が右大臣となった治安元年（一〇二一）七月以降に求められる。

前述した『魚魯愚鈔別録』の記事は、行成の除目葉子には誤謬の少なかったことを証言するが、『長兼蟬魚抄』でも「匡房抄」と「行成抄」の主張が異なる場合、「行成抄」の説を採用している場合が多い。行成の除目書は誤りの少ない書物として信頼されていたのであろう。また、『叙除拾要』の記載とほぼ同じ記事が、藤原資仲の『資仲卿抄』、後三条院の『院御書』、源有仁原撰・徳大寺実定改編の『叙玉秘抄』などにみられる。(22)

藤原行成の除目書である「行成卿除目小葉子」は、摂関期から院政期にいたる叙位・除目書の多くに参照され、信頼すべき儀式書としてその本文中にとりこまれていったことが確認できる。鎌倉時代の『長兼蟬魚抄』においても「行成抄」の説が重視されていたように、「行成卿除目小葉子」は摂関期の除目作法の基本形を伝えるものとして、その後も長く尊重されたということができよう。

注

（1）山本信哉「本朝書籍目録の著作年代に就て」（『史学雑誌』二八―五、一九一七年）、和田英松『本朝書籍目録考証』（明治書院、一九三六年）。

（2）久保木秀夫「彰考館文庫本「本朝書籍目録」部分翻刻並びに考察」（『国文学研究資料館紀要』三二、文学研究篇、二〇〇六年）。

（3）西本昌弘ａ「東山御文庫所蔵の二冊本『年中行事』について―伝存していた藤原行成の『新撰年中行事』―」

(『史学雑誌』一〇七―二、一九九八年)。同b「年中行事(新撰年中行事)」(『皇室の至宝　東山御文庫御物』四、毎日新聞社、二〇〇〇年)。

(4) 西本昌弘注(3)a論文、同「年中行事」(『皇室の至宝　東山御文庫御物』四、毎日新聞社、二〇〇〇年)。

(5) 西本昌弘「広橋家旧蔵『叙除拾要』について―藤原行成の除目書と思われる写本―」(田島公編『禁裏・公家文庫研究』一、思文閣出版、二〇〇三年)。

(6) 和田英松注(1)著書、和田英松編・森克己校訂『国書逸文』(森克己、一九四〇年)時野谷滋「年給制度の成立」(『律令封禄制度史の研究』吉川弘文館、一九七七年)、同「長兼蟬魚抄」(同上書所収)、所功「『撰集秘記』の基礎的研究」(『日本学士院紀要』三五―三、一九七八年。のち『京都御所東山御文庫本撰集秘記』国書刊行会、一九八六年に再録)、所功「「行成抄」逸文に関する覚書」(時野谷滋博士還暦記念論集刊行会編『制度史論集』一九八六年)、大島幸雄「行成抄」(『新訂増補国書逸文』国書刊行会、一九九五年)。

(7) 所功「『新撰年中行事』と『小野宮年中行事』」(『宮廷儀式書成立史の再検討』国書刊行会、二〇〇一年)。

(8) 以下、藤原行成の経歴や学識に関しては、黒板伸夫『藤原行成』(吉川弘文館、一九九四年)の記述に多く依拠した。

(9) 倉本一宏「彰子立后をめぐって」(『摂関政治と王朝貴族』吉川弘文館、二〇〇〇年)。

(10) 小倉慈司「東山御文庫本マイクロフィルム内容目録(稿)(二)」(田島公編『禁裏・公家文庫研究』二、思文閣出版、二〇〇六年)。

(11) 田島公「禁裏文庫の変遷と東山御文庫の蔵書」(大山喬平教授退官記念会編『日本社会の史的構造』古代・中世、思文閣出版、一九九七年)。

(12) 田島公「近世禁裏文庫の変遷と蔵書目録」(『皇室の至宝　東山御文庫御物』五、毎日新聞社、二〇〇〇年。のち加筆補訂して、田島公編『禁裏・公家文庫研究』一、思文閣出版、二〇〇三年に再録)。

(13) 西本昌弘注(3)a論文五五～五六頁。
(14) 所功注(7)論文二八七～二八八頁。
(15) 所功注(7)論文二九〇～二九四頁。
(16) 黒板伸夫注(8)著書一八七～一八八頁。
(17) 「行成卿除目小葉子」という書名は、「除目抄」の外題をもつ広橋家本『江家次第』巻四(下郷共済会所蔵)の裏書や、その裏書を書写した広橋家本『江家次第第四裏書』(国立歴史民俗博物館所蔵)のなかにみえている。この裏書は、所功「『江家次第』の成立」(『平安朝儀式書成立史の研究』国書刊行会、一九八五年)の末尾に翻刻されている。
(18) 『岩崎文庫和漢書目録』(東洋文庫、一九三二年)四四一頁。
(19) 梶原正昭「近臣と政治感覚―惟方―」(『国文学　解釈と教材の研究』二一―一一、一九七六年)、高崎由理「藤原惟方伝」(『立教大学日本文学』五九、一九八七年)。
(20) 佐藤美知子「八条院高倉の論(二)―安居院家と御子左家と葉室家の関係―」(『大谷女子大学紀要』一一―二、一九七六年)。
(21) 西本昌弘注(5)論文。
(22) 『院御書』については、田島公「尊経閣文庫『無題号記録』と東山御文庫本『叙位記　中外記』所引「院御書」」(『禁裏・公家文庫研究』一、思文閣出版、二〇〇三年)、『叙玉秘抄』については、田島公「「叙玉秘抄」について」(『書陵部紀要』四一、一九八九年)、同「田中教忠旧蔵本『春玉秘抄』について」(『日本歴史』五四六、一九九三年)などを参照。

索　　引

〔凡　　例〕

一、本索引は、延喜式・弘仁式・貞観式・その他の典籍・年代からなる。

一、配列は50音順とする。ただし、年代索引のみ年代順とする。

一、参照先は → で示す。

一、弘仁式・貞観式・蔵人式として掲出したもののなかには、

引用法や記事内容により判断したものを含んでいる。

延 喜 式

【あ】

【か】

【さ】

弘 仁 式

貞観式

その他の典籍

【た】

【な】

【は】

【や・ら】

年　代

顕宗天皇元年三月上巳　42
推古天皇十年（602）　120
推古天皇十二年（604）正月戊申朔　120
舒明天皇御時　57
皇極天皇時　57
白雉三年（652）　19
天智天皇八年（669）十二月十六日　116
天智天皇九年（670）正月　24
天武天皇四年（675）二月甲申　35
天武天皇四年（675）　21
天武天皇十二年（683）十二月　51
朱鳥元年（686）九月九日　105
持統天皇元年（687）正月　120
文武天皇四年（700）十月　128
大宝元年（701）二月丁巳　32
大宝二年（702）九月　51
大宝二年（702）十二月勅　105
慶雲二年（705）十一月　126
慶雲三年（706）十二月　143
慶雲年中　126
和銅三年（710）　57
和銅四年（711）四月廿日　63
和銅七年（714）十一月一日　51
霊亀二年（716）　97
養老四年（720）八月三日　96
神亀二年（725）　119
天平元年（729）　57
天平九年（737）十月　15
天平九年（737）　64
天平十四年（742）　22
天平十五年（743）　124
天平勝宝五年（753）正月四日勘奏　21
天平勝宝八年（756）二月五日　43
天平勝宝八歳（756）五月　70
天平宝字二年（758）二月　70
天平神護二年（766）三月十二日　44
天平神護二年（766）十二月丁卯　44
神護景雲二年（768）四月十五日官符　16
神護景雲三年（769）　15
天応元年（781）四月四日　116
延暦四年（785）十月　116
延暦七年（788）十一月　127
延暦十三年（794）符　89
延暦十九年（800）七月　116
延暦十九年（800）宣旨　89
延暦廿一年（802）正月符　15,115
延暦廿四年（805）四月　116
延暦廿五年（806）正月廿二（六ヵ）日符　100
延暦廿五年（806）正月廿五（六ヵ）日格　47
延暦廿五年（806）正月廿六日符　45
延暦廿五年（806）四月符　61
延暦廿五年（806）符　107
延暦　100
延暦格　46
延暦年中　53
大同二年（807）　24,106
大同三年（808）二月詔　42
弘仁三年（812）　115
弘仁六年（815）二月　95
弘仁六年（815）十一月廿一日格　113
弘仁十年（819）　46
弘仁十一年（820）　24

弘仁十四年（823）二月廿七日官牒　46
弘仁十四年（823）二月廿七日格　46
弘仁十四年（823）二月廿七日符　45
弘仁　26,92,211
天長元年（824）三月　70
天長元年（824）九月廿七日太政官論奏　96
天長元年（824）九月廿七日論奏　116
天長元年（824）十月十日官符　96,116
天長元年（824）十二月十四日官符　116
天長二年（825）　106
天長三年（826）六月己亥　92
天長三年（826）六月丙辰　92
天長三年（826）七月戊寅　92
天長三年（826）　91
天長五年（828）二月官符　88
天長六年（829）十二月十三日宣　133
天長七年（830）閏十二月　137
天長七年（830）官符　43
天長九年（832）　94
天長十年（833）　19
承和元年（834）正月　26
承和元年（834）四月　51
承和元年（834）符　15,62
承和二年（835）六月符　88
承和二年（835）八月符　107
承和二年（835）十二月　137
承和三年（836）　49,85
承和五年（838）十月符　118
承和六年（839）十二月勅　15
承和七年（840）四月八日　58
承和七年（840）四月日記　55
承和九年（842）　90
承和十三年（846）　91
承和十三年（846）格　137
承和十三年（846）符　3,85
承和十四年（847）　64
承和　55
嘉祥元（848）　103
嘉祥三年（850）十二月十四日符　100,100
嘉祥三年（850）十二月十六日符　100,101
嘉祥三年（850）　48,91
嘉祥三年（850）符　55
仁寿元年（851）二月二日　34
仁寿元年（851）七月十四日宣旨　86,131
仁寿二年（852）正月　26
仁寿三年（853）四月　47
仁寿三年（853）六月十三日宣旨　86
仁寿三年（853）六月十七日宣旨　131
仁寿三年（853）十一月十三日　194
仁寿三年（853）　137
仁寿　55
斉衡三年（856）　87
天安二年（858）三月九日格　133
天安三年（859）三月十九日格　132,132
貞観元年（859）八月廿八日符　48
貞観二年（860）　25
貞観三年（861）　50
貞観四年（862）七月十六日　92
貞観四年（862）七月廿日　133
貞観六年（864）十月廿一日　117
貞観七年（865）三月十五日格　61
貞観七年（865）　98
貞観八年（866）五月　143
貞観十年（868）符　62
貞観十一年（869）二月一日符　100
貞観十一年（869）四月十七日符　46
貞観十三年（871）九月　137
貞観十四年（872）七月十九日符　132
貞観十四年（872）九月二日　91

貞観十六年（874）四月十五日符　46
貞観　40,87,211
元慶元年（877）五月符　62
元慶三年（879）四月　54
元慶五年（881）四月五日　56
元慶八年（884）四月丁酉　55
元慶八年（884）六月十六日丙午　97
元慶八年（884）十二月廿日　136
元慶八年（884）十二月官符　97
元慶八年（884）官符　80
元慶八年（884）格　92
元慶　40
元慶符　62
仁和二年（886）　93
仁和三年（887）三月十四日符　46
仁和三年（887）三月廿一日符　48
仁和三年（887）　87,97,97,97,128
仁和四年（888）九月朔　104
仁和五年（889）四月七日戊辰　54
仁和　80
仁和例　104
寛平元年（889）十月廿三日辛巳　113
寛平元年（889）十一月廿一日己酉　127
寛平二年（890）　125
寛平六年（894）十二月十七日宣旨　56
寛平七年（895）十月廿八日符　61
寛平八年（896）八月五日　94
寛平八年（896）定法　175
寛平十年（898）三月七日宣旨　53
寛平　55,212
昌秦三年（900）三月十五日　40
昌泰三年（900）五月廿二日　92
昌泰三年（900）十二月符　61
昌泰三年（900）冬　92
昌泰三年（900）　178
昌泰年　71
延喜二年（902）二月十二日　123
延喜三年（903）七月十七日　94
延喜三年（903）八月　94
延喜九年（909）四月四日　92
延喜九年（909）　175
延喜十年（910）六月一日　180
延喜十年（910）日記　175
延喜十一年（911）正月六日符　53
延喜十一年（911）記　179
延喜十二年（912）　93
延喜十二年（912）宣旨　212
延喜十二年（912）例　93
延喜十三年（913）符　89
延喜十三年（913）例　93
延喜十五年（915）十二月八日宣旨　138
延喜十七年（917）八月十一日記　185
延喜十七年（917）十月一日　106
延喜十七年（917）　66
延喜十八年（918）宣　53
延喜十九（919）　62
延喜十九年（919）宣旨　89
延喜廿年（920）　94
延喜廿二年（922）　89
延喜　80,135,175
延喜符　62
延長二年（924）　104,134
延長三年（925）　124,195
延長四年（926）二月例　122
延長五年（927）七月　77
延長五年（927）　69
延長八年（930）十二月九日　136
延長九年（931）　106,115
延長　192
承平元年（931）九月官符　108
承平元年（931）十一月七日　99
承平元年（931）　101,178
承平三年（933）四月二日　98

承平七（937）　62,175
承平八年（938）九月三日　103
承平　104
承平比　99
天慶二年（939）九月晦日　51
天慶七年（944）十二月五日符　133
天慶九年（946）八月　102
天慶九（946）　62
天慶　44
天暦三（949）　62,98
天暦五年（951）　115
天暦八年（954）　12,178
天暦九年（955）十二月十三日論奏　14
天暦九年（955）十二月廿五日宣旨　24
天暦九年（955）十二月論奏　4,22,24
天暦　20,26,80
天徳二年（958）　124
天徳三年（959）七月勅　93
天徳四年（960）　67
応和二年（962）三月十三日　24
応和二年（962）　122
康保元年（964）　195
康保二年（965）三月論奏　44
康保　20,20,106
安和　4,22,44,66,104
天禄元年（970）九月七日永宣旨　19,40
天禄　66
天延二年（974）八月十一日宣旨　99
天延　44
貞元二年（977）二月九日永宣旨　19,40
貞元二年（977）　92
天元　20,20
寛和　54,55,55,80
永延元年（987）　65
永延　55,122
長保五年（1003）　175
長和元年（1012）　4
長和六年（1017）　4,22,24
長和　14,22,24,27
長和年中　55
寛仁元年（1017）　73
保元二年（1157）正月　203,220

新撰年中行事《しんせんねんじゅうぎょうじ》

2010年8月10日　初版第一刷発行　定価（本体10,000円＋税）

編　者　西　本　昌　弘
発行者　八　木　壮　一
発行所　株式会社　八　木　書　店
〒101-0052 東京都千代田区神田小川町3-8
電話 03-3291-2961（営業）
03-3291-2969（編集）
03-3291-6300（FAX）
E-mail pub@books-yagi.co.jp
Web http://www.books-yagi.co.jp/pub
組　版　笠間デジタル組版
印　刷　平　文　社
製　本　牧製本印刷
用　紙　中性紙使用

ISBN978-4-8406-2043-7